上海韬奋纪念馆 编

1939

生活書店

会议记录1939—1940

1940

中华书局

图书在版编目(CIP)数据

生活书店会议记录. 1939-1940/上海韬奋纪念馆编. —北京:中华书局,2020.10
(韬奋纪念馆馆藏文献丛书)
ISBN 978-7-101-14727-8

Ⅰ.生… Ⅱ.上… Ⅲ.生活书店-会议资料-1939~1940 Ⅳ.G239.22

中国版本图书馆 CIP 数据核字(2020)第 164390 号

书　　名	生活书店会议记录 1939-1940
编　　者	上海韬奋纪念馆
丛 书 名	韬奋纪念馆馆藏文献丛书
责任编辑	吴艳红
装帧设计	刘　丽
出版发行	中华书局 (北京市丰台区太平桥西里 38 号　100073) http://www.zhbc.com.cn E-mail:zhbc@ zhbc.com.cn
印　　刷	北京市白帆印务有限公司
版　　次	2020 年 10 月北京第 1 版 2020 年 10 月北京第 1 次印刷
规　　格	开本/880×1230 毫米　1/16 印张 36　字数 600 千字
印　　数	1-1200 册
国际书号	ISBN 978-7-101-14727-8
定　　价	358.00 元

「韬奋纪念馆馆藏文献」丛书

编辑工作委员会

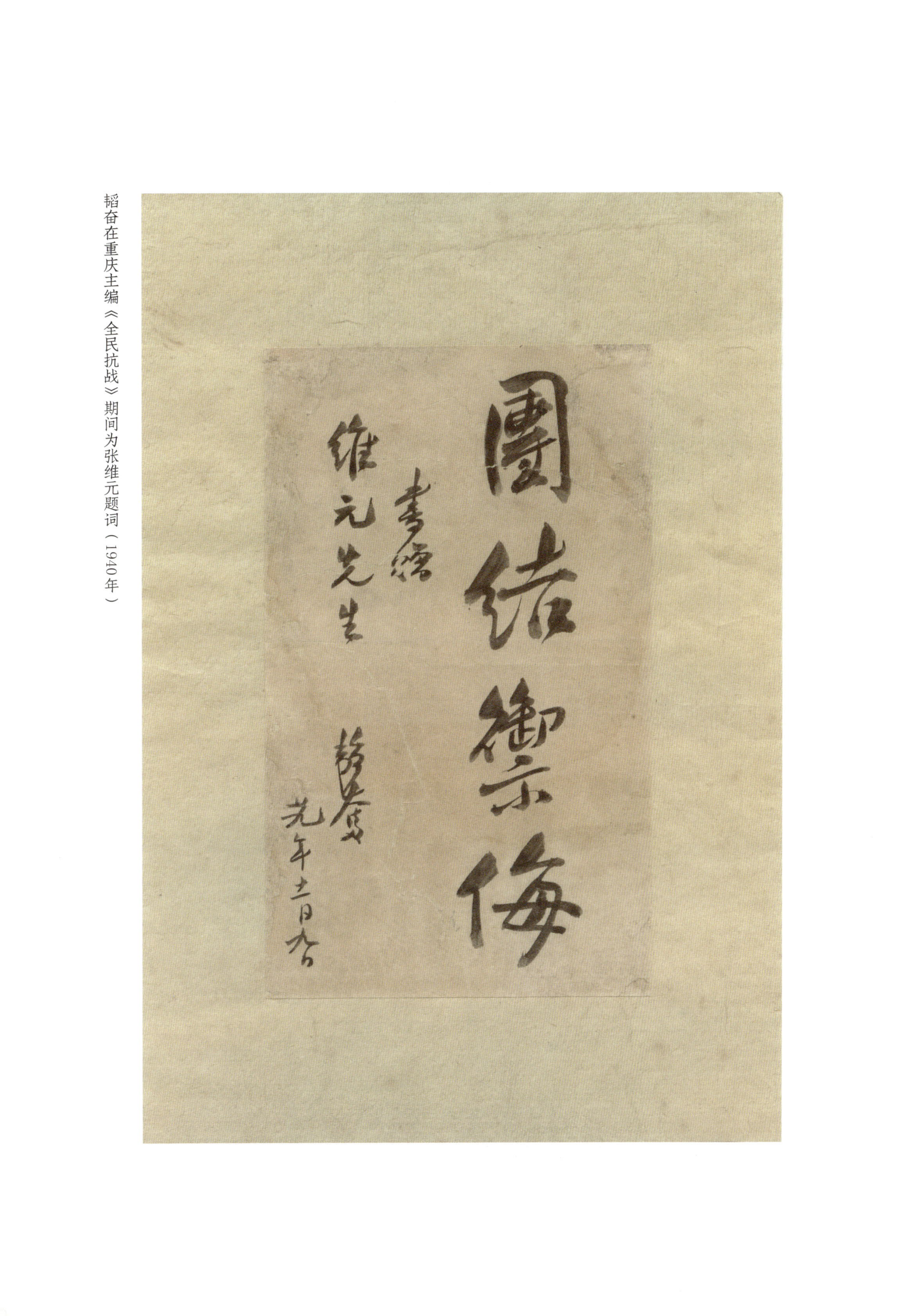

團結禦侮

維元先生囑書

韬奮

韬奋在重庆主编《全民抗战》期间为张维元题词（1940年）

生活书店响应号召为前线战士撰写慰劳信并组织竞赛，黄宝珣一组以642封获首奖（1939年6月。前排左起：孙明心、黄宝珣、张知辛；后排左起：张志民、张锡荣）

全民抗戰社與生活書店
為響應黨政機関徵集五
十萬封慰勞信分發前方
将士之號召决定發動徵
集十萬封結果竟獲超過
預計達十二萬餘封而臧
其吉先生獨力徵得二萬
餘封熱心可佩厥功殊多
用特撰書數語聊表微意
並誌紀念

其吉先生纪念
韬奋谨書
廿八年七月於重庆

韬奋为在征集慰劳信中表现突出的臧其吉题词（1939年7月）

生活书店致函国民参政会转蒋介石抗议当局摧残压迫生活书店的底稿（1939年6月12日）

名號	地址	用何法寄	擬稿者	會閱者	核定者	繕發者
		平信 掛號 快信	廿八年六月十二日	年 月 日	年 月 日	年 月 日

員長鈞鑒：敬陳者，在全面抗戰國策之下，文化佔有重要位置，鈞座曾鄭重指示，為舉國所服膺。生活書店對文化事業素甚努力，自抗戰以來，對戰時精神食糧需要，尤積極供應，不遺餘力。國民党中央党部於去年十月間公布獎勵書業翻印總理遺教，該店首先響應，大量印行。後以鈞座剴切言論，關係國族生存，該店特編刊專集，廣行海內外。鑒於前線戰士需要精神食糧，該店特編行全民抗戰週刊戰地版，每週將國內外可以鼓勵前方戰士之積極消息及鈞座隨時發表之救國言論，傳播戰區。此外對於政府及党部關於抗戰建國之號召，例如義賣獻金、全國精神總動員、及軍委會政治部、中央宣傳部、中央社會部、重慶市党部、全國慰勞會等五機關最近發起之五十萬封慰勞信等等，均熱烈擁護，竭誠參加。乃最近該店西安、南鄭、天水、沅陵等處分店先後被封閉或被停業，经理被捕，西安分店经理被拘警署月餘，患病甚劇，屢由医生証明，請求保釋未許。該店以平日致力國家，未敢後人，遇此意外，殊為驚痛，據探詢所知，西安党部表示，主要原因在所售書籍中有未妥善，及懷疑該店有政治組織。關於前者，如書籍中果有未妥之處，儘可開列書名，飭令停止發行或修正，關於後者，該店僅為商業組織，並無政治組織，有事實可按。最初僅一二處發生封閉拘捕事件，該店以事出誤會，即根據事實，向中央党部誠懇解釋，冀求諒解，並謂果有錯誤之處，只須具体指示，自當竭誠接受糾正服從法令。業经中央党部允許迅作合理公平之解決，乃一波未平，一波又起，相類事件繼續發生。該店在社會服務有年，略具規模，信譽頗著，店中同人對党國尤具忠诚，各地党政有所糾正，固應服從，惟事屬冤抑，處置過嚴，殊易引起社會惶惑，實非所宜。。。等与該店或參加工作，或分屬友人，均以文化事業，關係較重，社會觀聽，亦宜重視，素仰鈞座愛護文化，扶植民業，用敢據實奉陳，敬希垂察，賜予維護，不勝企禱之至。肅請

鈞安。

褚輔成　張君勱　[illegible]
江恒源

生活書店函稿

社員小組會及同人自治會，其辦法另定之，

第十七條　本大綱由理事會議決施行。如有增刪或修正，應由理事会議決之

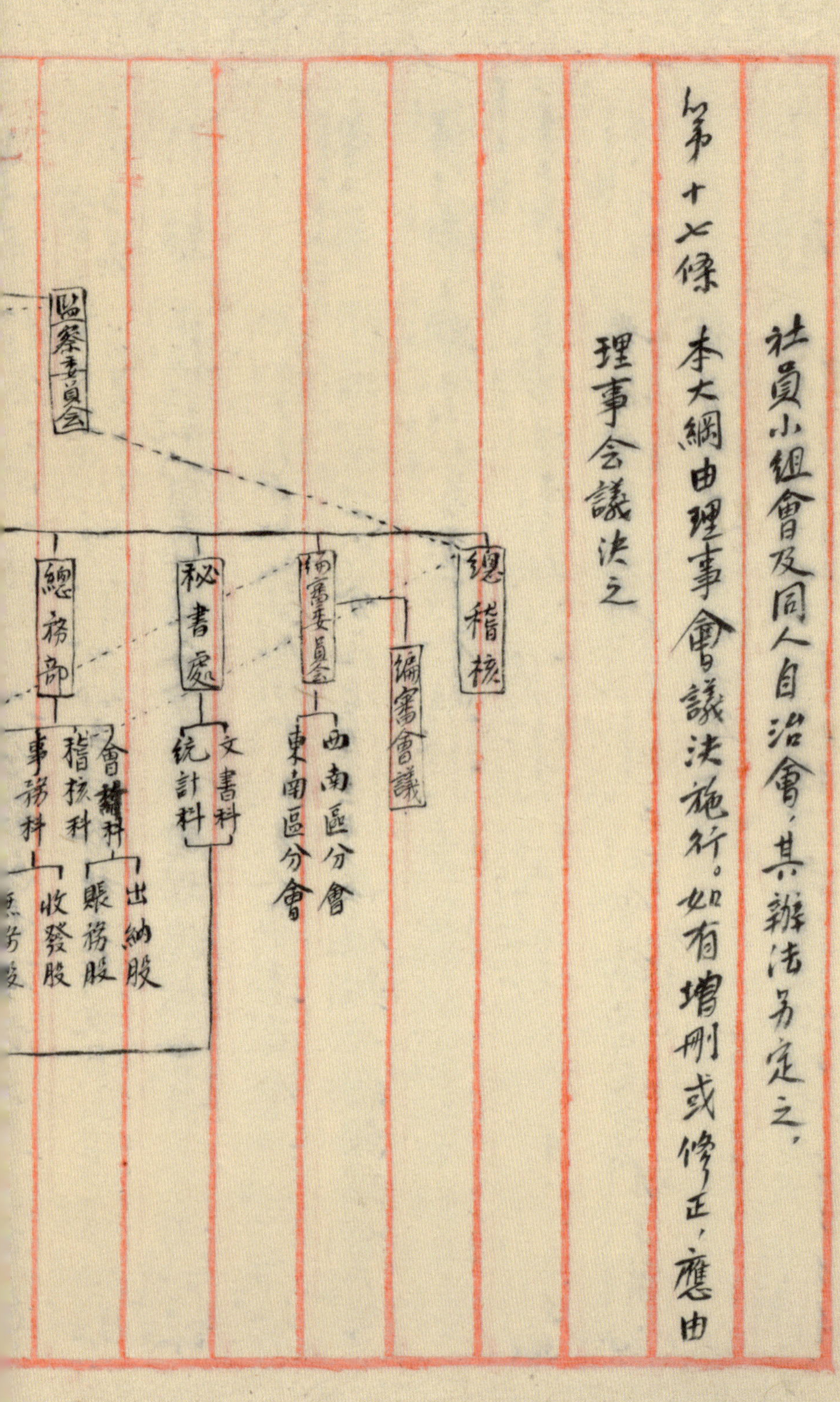

生活出版合作社组织系统图（1939年。出自第五届理事会会议记录（一））

生活出版合作
組織系統圖

社員大會
社員代表大會

理事會
常務理事會

總經理
經理

總管理處

人事委員会

同人自治会
幹事会
小組会

社員小組会
組長会
小組会

生產部
出版科
圖版科
材料科

營業部
分店科
推廣科
機務科
進貨股
發貨股
運輸股

服務部
調查科
代辦科

業務会
科務会

文化工作咨詢處
戰地服務部
讀書顧問部
海外服務部

西南區管理處
分支店
桂林、柳州、桂平
梧州、南寧、曲江
長沙、常德、沅陵
零陵、衡陽

東南區管理處
生產科
營業科
分支店
香港、上海、福州
汕頭、南平
金華、新加坡
麗水、吉安
南城、贛州、昆明

華西區分支店
重慶、貴陽
宜昌、成都

西北區分支店
西安、南鄭
天水、延安

經理
營業科
門市組
批發組
郵購組
進貨組
機務組
會計科
出納組
賬務組
總務科
文書組
事務組
人事組

店務會議

《世界知识》杂志工作人员合影（1939年。左一吴斐丹、左二钱亦石、右一王纪元）

生活书店总管理处部分同人合影（前排：邱正衡；中排左起：冯舒之、涂敬恒、莫志恒；后排左起：孙洁人、曹辛之）

生活书店金华分店同人合影（左起：陈云才、邵振华、杨文屏、顾一凡、许觉民）

生活书店成都分店同人合影（左一顾均、左二沈百民、左三张通英）

生活书店沅陵支店同人合影（前排左起：岳中俊（新知书店）、方学武、孙洁人；后排左起：诸侃、徐云尧）

国民党查封生活书店衡阳支店、新知书店衡阳分店，职工十余人被捕，43天后取保释放，在旅馆留影（1940年。前排左起：储继、陆仁德、王华、金伟民、王产元、王焕洪、方学武、严长庆；中排左二起：吴文琛、王解谷、郭智清、陈日超；后排左起：马肇光、刘继武、王仿子、赵海青、沈勤南、曾淦泉）

生活书店新加坡分店，位于大坡马路186号（1939年）

生活书店梅县支店（1939年）

生活书店昆明分店门头广告

生活书店西安分店门市部内景，开架售书为生活书店特色

前言

我馆自2018年启动馆藏文献影印出版计划，已相继推出「韬奋纪念馆馆藏文献」丛书之《生活书店会议记录1933—1937》《生活书店会议记录1938—1939》。第一册的起止时间自生活书店在沪创立后第一次社员大会召开起，至抗日战争全面爆发、生活书店总店迁至汉口止。社员大会、理事会、人事委员会、监察委员会等会议记录记载了生活书店初创时期民主管理体制的形成和完善，社务情况及人事变动等事项。第二册的起止时间为1938年1月3日生活书店总店迁至汉口，到1939年4月临时委员会结束。记录了替代理事会、人事委员会、监察委员会三个机构职权的临时委员会，在战争动荡的特殊时期处理社务、业务和人事等情况。

生活书店是合作社组织，按社章每年举行一次社员大会，选举新的领导机构。第一次社员大会于1933年7月在上海举行，此后三年都如期举行，直到1937年7月抗战爆发而中止。为应对抗战时期的紧急环境，1936年8月31日生活书店举行临时全体社员大会，推举成立了临时委员会，代表理事会、监察委员会、人事委员会执行一切职务。在临时委员会主持期间，为「使抗战期间精神食粮的供应得以普遍」，书店的组织机构变迁，分支店遍布各地，人员不断递增，发行网络长足发展，亟需「使比较健全的组织赶快成立，使比较精密的新章赶快实行」（韬奋：《迅速扩展后的积极整顿——向同人提出的一个具体建议》，《店务通讯》第二十一号廿七年八月十三日）。生活书店1938年4月间开始启动修改社章的讨论，由于分支店分散于全国各地，以通信方式收集意见。同年8月，总管理处在重庆成立，这是生活书店在全国建立起分支店后，应运而生的管理机构，统管、指导全国各门店的业务。总管理处的成立为结束临时委员会，恢复原有领导模式，重新召开社员大会提供了基础。

1939年2月24日，第五届渝地社员大会在生活书店重庆分店举行，这次大会有两个重要的议题，其一是修改社章，其二是选举出新一届领导机构。本册会议记录以第五届渝地社员大会记录为起始，包括第五届理事会会议记录、第五届常务理事会记录、第五届人事委员会会议记录、第五届监察委员会会议记录、第五届理事会人事委员会监察委员会联席会议记录。时间跨度自1939年2月24日至1940年5月8日。这一时期，生活书店一切工作的总原则为「促进大众文化、供应抗战需要、发展服务精神」，出版了大量适应抗战需要、服务大众文化的书刊，为宣传、动员、支持抗战做出了重要贡献。

考虑到档案的完整性，本册收入了生活书店第五届领导机构的所有会议记录，因篇幅较前两册更大，故不设附录。丛书原计划分三册出版，因1940年5月8日后还有若干会议记录，拟加上相关杂件，增出第四册，将馆藏的生活书店内部档案完整呈现。

需要说明的是，本册第117面以「募集办法草」结尾，第122面以「拟如左」开头，因原属分册装订，故一仍其旧，内容上二者实相接续。此外，第375面人事委员会第八次常会记录（1939年10月21日）与第415面人事委员会第九次常会记录（1939年10月8日）存在常会次数与会议时间先后不一的矛盾，疑原会议记录存在笔误，为尊重史实，仍保持原样。

全书彩色精印，排版时从色泽、尺寸上尽可能还原原貌。书前选取了与此时段相关的生活书店部分分支店照片、生活书店同人的合影，以及韬奋的题词、生活书店致函国民参政会转蒋介石抗议当局摧残压迫生活书店的底稿等作为插页。

上海社会科学院研究员、世界中国学研究所副所长周武为本书撰写后记，感谢中华书局上海公司的贾雪飞、吴艳红为本书的编辑、出版、宣传做出的努力。希望本套丛书的出版，能为推动出版史、文化史和韬奋研究做出绵薄贡献。

目录

前言……1
第五届渝地社员大会记录……1
第五届理事会会议记录（一）……59
第五届理事会会议记录（二）……119
第五届理事会会议记录（三）……197
第五届常务理事会记录……215
第五届人事委员会会议记录（第一册）……269
第五届人事委员会会议记录（第二册）……313
第五届人事委员会会议记录（第三册）……399
第五届人事委员会会议记录（第四册）……503
第五届监察委员会会议记录……523
第五届理事会人事委员会监察委员会联席会议记录……533
代后记　生活书店的崛起与被难……541

生活出版合作社

第五届渝地社员大会记录

第五屆渝地社員大會記錄

生活出版合作社临地社员大会记录

日期 廿八年二月廿四日下午七时

地点 重庆分店二楼

出席者

张锡荣 邵公文 黄洛峰

徐雪寒 孙明心 金海楼

张志民 邹韬奋 徐伯昕

莫志恒 范用 李济安

薛迪畅 徐植璧 王泰雷

陈[illegible] 邵路甫 沈[illegible]之

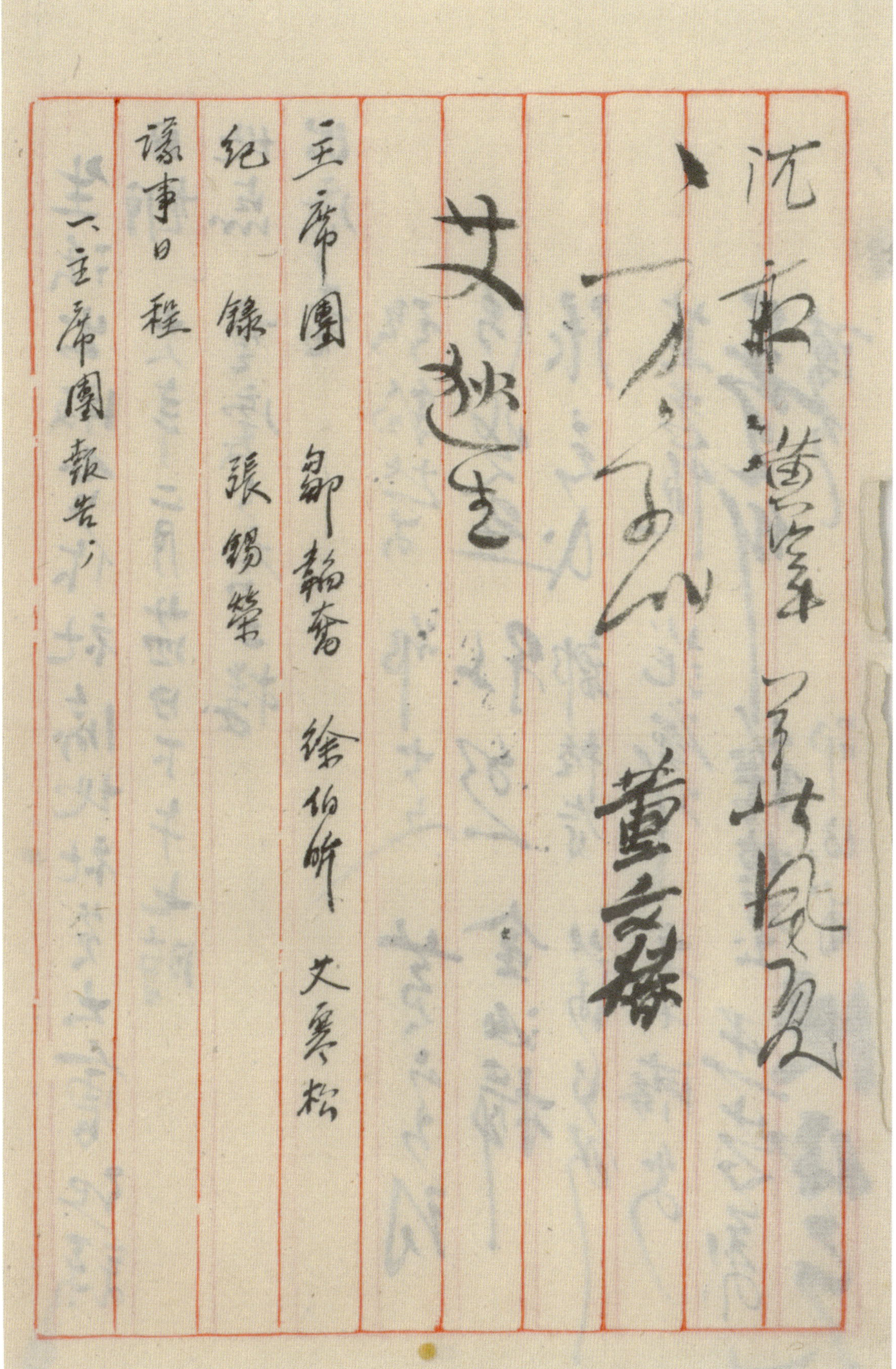

沈[illegible] 黃洛峯 [illegible]

[illegible] 董文椿

艾逖生

主席團 鄒韜奮 徐伯昕 艾寒松

紀錄 張錫榮

議事日程

一、主席團報告;

二、臨時委員会工作簡要報告；

三、表決社章；

四、通過名譽社員；

五、選舉理事、人事及監察委員；

六、主席團致閉会詞；

七、散會。

一、主席團鄒韜奮先生報告：

本屆選舉和修改社章的兩件重要工作，將在本次大会結束。因為在戰爭時期，社員分散各地，不能舉行全体社員大会，除渝地以外，係採用通信的辦法進行的。依照社章的規定，下層的選舉應由上層的理事会主持办理。現在的臨時委員会，已推定主席團，秘書，並已擬定議事日程，以進行本次大会的工作。

臨時委員會是在卅五年八月廿日由臨時全体社員大會推举的，係依照当時的緊急環境，暫時代替理事，人事，監察委員會的職權，主持本店社務及業務的机構，並進行修改社章。但因戰事發生，由上海、漢口而重慶，經过許多变化。這次為籌備進行選举及通过社章，曾於卅七年四月間開始發動修改社章的討論，直到今天才告完成。本次的大会有非常的重要性，因為其他各地不能用会議討論的方式，只能用通信的方式，而渝地社員能舉行会議的方式，民主的精神在会議中可以有充分的表現，而社員名額較多，对於選舉的结果作用很大。

中國出版界的老前輩王雲五先生对本店事業表示极意，曾对我說：「全中國出版家有成绩者僅爾我兩家。」且欣羡本店云：「我館里幹部老了，你店却全是青年幹部，真是了不起。」並且很誠意的声明這並非当面恭維，他在香港对学生演講亦有此說。由此知道我們对於社会的貢献已佔中國文化界的重要地位，這是可以自慰的。當此抗戰时期，我們应愈努力向上，力謀改進，為共同的事業而奮鬥。本店的選舉，意義甚為重要，應以審慎的進行。因為第一，選舉的結果關係全國文化事業很大；第二，我們組織是民主集中制的，選舉出來的代表管理我們的全部工作。

我們選舉出來的代表雖然會同管理我們的全部工作，但是參加管理者實際上並不僅僅限於被選者數人，所有全体社員，均應提高對於事業的積極性，擔負起管理全部的責任。因為選額有限，不能包含全部，但不在選舉之內者並不是沒有責任，放棄鼓勵。以後，除理事會、人事委員會及監察委員會之外，尚有群众性的組織，即職務系統、同人自治系統和社的系統，使每個工作人員均擔負起對於事業的責任，就是不在理、人、監範圍之內的同人，都可貢獻力量參加組織工作。

二、臨時委員會徐伯昕先生工作報告：

臨時委員会係由二十五年八月三十日第二次臨時社員大会通过組成，於同年九月三日正式成立，迄本屆（第五屆）理事会成立日止，計二年七月有二十五日，臨時委員会在此時期內之工作，茲擇要報告如下：

第一、關於社務方面者：

臨時委員会係由理事会、人事委員会及監察三個机構会組而成，委員人數為十一人（王志莘、杜重遠、鄒韜奮、胡仲實、陳錫麟、李濟安、周積涵、畢錫榮、孫夢旦、徐伯昕、總分所）共舉行會議五十八次，議案達二百〇七件，其中執行者一百九十三件，因困難而未執行者十四件。茲分別摘述如下：

一、理事會部份

有籌設粵、漢、陝、渝、蓉、港、桂等分支店，呈報增加資金十萬元，組織編審委員會，決定重慶遷漢、由漢遷渝，設總管理處，修改社章，進行選舉，購置卡車，組織社員小組等十二件。

二、人事委員會部份

有訂定員工試用辦法，分店服務規程，職工疾病死亡津貼辦法，職工訓練辦法，職工穿着制服辦法，舉辦同人儲金，有春膺同人任外津貼办法，提高最低薪額標準，組織同人自治会等二十件。

三、監察委員会部份

有審核二十五年下期決算，二十六年上期決算，廿六年下期決算。查本社会計年度，过去係自每年七月一日起至次年六月卅日止為一年度，現已改自每年一月一日至十二月三十一日止為一年度。

編委会開始時之第一届半年（即二十五年七月一日至十二月三十一日止），各項帳冊，均按期送交會計師查核証明。惟自抗戰開始，總店重心分散後，因帳冊短期內不能集中，故尚未交由会計師查核。但此項結算報告，均曾按期在本會報告。並將歷屆營業情形，分列如下：

1. 營業總額

二十五年下期　二八二、八三七·四六

二十六年上期　三三四、五九八·〇九

二十六年下期　二七五、八四三·〇五

二十七年上期　四三五、二三七·一〇

二十七年下期　四六〇、〇五九·七〇

（說明）二十六年下期因上海重心分散，生產減少，營業亦因之低落。

2. 銷貨成本

二十五年下期　二一九、一七九・六九
二十六年上期　二六七、七二一・二〇
二十六年下期　一九一、五八六・八三
二十七年上期　三〇一、九一四・九〇

3. 各項開支

二十五年下期　三九、九六九・一二
二十六年上期　四四、一二八・〇五
二十六年下期　五六、一二四・一二
二十七年上期　七九、八九八・三二
二十七年下期　九八、六三一・六八

4. 歷屆盈虧

二十五年下期　盈一、〇〇三・五四

二十六年上期　盈一、一〇三・一四

5. 捐助生活週刊社創办者中華職業教育社公益金百分之二十。

二十五年下期　二〇〇・七〇

二十六年上期　二二〇・六二

第二、関於業務方面者：

本店業務方面，在臨委会成立之初，環境重重壓迫，大众生活停刊，新同路同嚴扣書刊，因之各種工作，未能如預期之進行順利。此後抗戰開始，我軍西移，本店重心遷漢，以适移渝，經濟較困難，進貨運輸等工作，尤為艱苦。茲分別摘述其變遷情形如下：

一、關於組織之變遷

本店原設總店於上海，分總務、編輯、出版、營業四部。嗣為謀業務上便利計，曾將編輯、出版，合併為出版部。迨至廿七年七月一日起，在漢之組織總管理處，增設主計部。本年一月又將主計部併入總務部，出版部改為生產部，而增添服務一部，另設秘書處，並組織編審委員會，及成立東南、西南區管理處，同時建立社員小組，同人自治會小組，及業務小組之系統，使組織逐漸改進，更臻完善。

二、關於業務之發展

1. 增設各地分支店，使發行網遍佈全國

本店在抗戰以前，除上海總店外，僅成立漢口、廣州兩分店，及香港之安生書店，安生以營業不振而收縮，歸併粵店辦理。自抗戰開始後，陸續增設西安、重慶、成都、桂林、長沙、杭州、昆明、貴陽、蘭州、香港等分店，同時增設萬縣、衡陽、宜昌、南鄭、立煌、吉安、南城、金華、麗水、天水、沅陵、常德、柳州、南寧、桂平、樂山、南平、梧州等支店及辦事處，總計達二十八處，當店重心移至內地時，曾與南京中央書店、杭州之江書店、開封北新書局、蕪湖科學圖書社等四處成立办事處，嗣以戰局变化，先後收縮，其他如廣州、漢口、長沙、南昌、遂川、恩施、巴东、海门、餘姚、百色、六安、酆都、閩江等十二處，或因戰局推移或因试办流動，亦已先後遷移，總计本店直接到達之處，已在四十处以上。

2. 擴展各地批發户，增進同業之好感

本店以人力財力有限，不得不與各處內地同業發生良好關係，使文化工作網能普遍深入内地。臨委会成立前内地批發户計四百六十餘户，截至最近止，擴展至二千二百五十餘户，增加数達五倍以上。

3. 郵購户數增，發揚本店服务精神

郵購讀者，原有三萬餘户，經在手續上之改進，办理之迅速，選書之審慎，以及服务之週到等，同時又特约中國、交通、上海、新華、江蘇省農民、華僑、浙江興業、富滇新、聚興誠、大陸等十大銀行，免費收受購書匯款，使讀者更便利而省费，以致在二十八年三四月間激增至五萬餘户，較過去增加一倍有半。

4. 本版書營業額超过外版書

本店最初側重代办書報工作，此後本版書逐漸加緊生產，致營業額亦逐漸增高。在臨委会以前，本版書營業額僅及外版書二分之一強，迄至二十七年度結算本版書營業額已超

一

过外版書五分之一而有餘。

三、關於生產力之增強

1. 出版各種性質之定期刊

本店出版之雜誌，變動最多，除世界知識與婦女生活歷史最久外，在編委会前共出版雜誌十三種，以及继續新出者有中華公論，國民週刊，新認識，生活教育，抗戰三日刊，戰時兒童，抗戰画報，集納週報，全民週刊，文藝陣地，戰时教育，讀書月報等十二種，其中停刊者有八種，全民與抗戰合併出版「全民抗戰」一種。現在出版者有七種，

2 其中銷行最廣者之一種達五萬餘份。

2 單行本叢書

單行本在臨委會前出版者計一百三十餘種，至最近止共有六百三十八種，較前增加四倍。其中銷數最多者為戰時讀本。從去年有七套，新出達二十套之多，其中以青年自學從書及大眾讀物銷行最廣。

四、關於工作人員之增加

在臨委會前滬漢兩店工作人員共八十四人，現已增加至二百六十八人，尤以抗戰開始後擴展尤速，約較前增加至三倍

三、表決社章

本問合。

通过社章如下：

生活出版合作社章程

第一章　總則

第一條　本社定名為「生活出版合作社」，对外简稱「生活書店」。

（八十七票通过）

第二條　本社本生產合作之原則，以社員共同投資，共同工作，經營出版事業，促進大眾文化為宗旨。

（八十一票通过）

第三條　本社社員負有限責任。

（九十三票通过）

第四條　本社業務如下：

一、出版（包括出版、編輯、印刷）圖書及定期刊物；

二、販賣本版及外版圖書和定期刊物；

三、舉办其他有利於社会文化之事業。

（八十五票通过）

第五條　本社信條如左：

一、為社会大众服务；

二、赢利归全体（包括一切工作人員）；

三、依据「各尽所能，按勞取值」原则，共同努力，增進全体福利；

四、社务管理採用民主集中制。

（八十票通过）

第六條 本社總社之地設於總管理處所在地，必要時得於各地設立分社或社的執行部。

（八十票通过）

第二章 社員

第七條 合於以下各項資格之一者，得為本社社員：

一、除特约職員外，現在本社服务之職工，經試用期滿六個月，任職六個月，年滿二十歲，由人事委員會審查合格向理事会提出通过者（未滿二十歲者，須至二十岁时開始，又如審查不合格時，得在三個月後再審查一次）。

二、曾因事退出本社，重行復職，經人事委員會審查合格向理事會提出通过恢復社員資格者；

三、本社職工，任職十年以上，合於退休規則者（退休細則另定）；

四、從未在本社內任職，但對本社有特殊勞績或特殊贊助，經理事會審查合格向社員代表大會提出通过為名譽社員者。

（以十七票通过）

第八條 社員於死亡或離職（暫准告長假者除外）時，即作為出社，但第七條第三第四項之社員於死亡時方作為出社。

（九十三票通过）

第三章　社股

第九条　本社资本以社员之社股充任之，每十元为一股，每人至少缴纳五年，至多不得超过股金总额百分之二十。

（九十二票通过）

第十条　社员入社后应按月缴纳月薪百分之十作为社股，每积满国币十元为一股，至满五年为止。以后愿否继续缴纳听便。

（九十三票通过）

第十一条　第七条第四项之名誉社员，社股得自由缴纳，但至少五股，至多不得超过股金总额百分之二十。

（七十九票通过）

第十二條　社員应得之利益為股息，於每年総決算後，依照第四十三条之规定分派之。

（九十三票通过）

第十三條　社員所派得之股息（除股款满百分之二十者外）一律作為增加股份，如有奇零数目不满一股者，应移入下年度派得之股息併計之。

（九十四票通过）

第十四條　倘遇本社資本充足，不需增股時，得経社員代表大会議决，以现金分派股息，停止扩作股份。

（九十四票通过）

第十五条　倘遇本社資本缺乏而社員所得紅利，超出月薪總額時，得經社員代表大会議決，以超出紅利之一部或全部，作為股份，但以社員股份未滿百分之二十者為限。

（九十四票通过）

第十六条　凡出社社員恢復社員資格後，除將全部尚未退清之社股作為社股外，餘照第十條辦理。

（九十四票通过）

第十七条　本社股份不得買賣、抵押、轉讓，並不發給股票。但社員入社時，發給社員證一紙，上貼本人兩寸小照，載明社員姓名、年齡、籍贯、入社日期及所有股份数额，增加股份数额，每年应派股息数额。该社员证由常务理事会主席签名盖章发给。

（九十四票通过）

第十八条 社员自出社日起，其所有股份，由本社按照每年盈余分期付还，未付还之股份，按周年七厘给息。其每年应付还成数，由理事会决定之，但分期付还之时期，至长不得过五年。

（九十四票通过）

第十九条 本社解散时，除清偿债务外，应依下列照比例先发还社员股份之票面数额。如尚有余额，由社员代表大会议决处理之。

（九十四票通过）

第四章 社員代表大會

第二十條 社員代表大会由各地社員推举代表组織之。各地社員每三人推举代表一人，不满三人者，概照三人計，社員代表大会為本社最高機關。

（九十一票通过）

第廿一條 社員代表大会之职權如左：

一、討論社員提案及理、監、人事委員会報告；

二、處理社員及理、人、監委会提出之彈劾案；

三、通过社务進行計劃；

四、通过本社本年度决算及下期預算草案；

五、通过股息及職工红利之分派；

六、通过变更本社社章；

七、通过解散本社；

八、通过名誉社員；

九、處理其他社員代表大会应行討論事項。

（八十六票通过）

第廿二條　社員代表大会每年春季举行常会一次，由理事会負責籌備及召集。必要時得由理事会或社員三分之一的請求，召開臨時社員代表大会。

（八十一票通过）

第廿三條　社員代表大會以代表三分之二之出席為法定人數，每一代表僅有一表決權，如因特殊情形而不能派代表出席時，得由該處社員指定社員一人代表出席大會。

（七十票通過）

第廿四條　除修改社章須經出席代表三分之二之通過及解散本社須經出席代表五分之四之通過外，其他任何表決以出席代表過半數之通過為有效。

（八十八票通過）

第五章　理事會

第廿五條　全體社員用通訊直接選舉方式，選出理事十人，候補理事二人（以未当選理事得票次多者充任）組織理事会，執行社員代表大会之決議案，設計及管理本社一切業務。（每届理监、人事委員選举，由前届理事会負責籌備）

（七十一票通过）

第二十六條　理事会每三個月開会一次，遇必要時得召開臨时会議，由理事会主席召集。如果某理事因故不能出席時，得由該理事指定社員一人代表出席。

（八十八票通过）

第二十七條　理事任期一年，連選得連任，当選理事之在職社員以不能调至社外所在地工作為原則，在下届理事未選出前得继續執行职權，但至多不得超过三個月，理事概為無薪职。

（六十九票通过）

第二十八條　理事会選举常务理事五人，組織常务理事会處理日常会务，常务理事互選主席一人，秘書一人，每月至少举行常会一次，由主席召集。常务理事如有不能出席時，可指定理事一人代表出席。

（八十一票通过）

第二十九條　理事会职權如左：

一、核定社員進退；

二、召集并籌備社員代表大会；

三、決定出版計劃；

四、決定營業計劃；

五、解釋一切規章及社務進行計劃；

六、任免總經理、經理；

七、理事會認為必需時，得指定各種問題的專門委員會，研究專門事項；

八、處理其他有關於設計及管理本社一切業務事項。

（九十二票通過）

第三十條

理事會互選一人為總經理，代表理事會總攬本社業務並為對外代表，又選任社員一人為經理，協助總經理處理業務，於必要時得增襄理一人，由總經理推薦，向人事委員會提出通过，經理事會核准聘任。

（七十二票通过）

第六章 監察委員會

第三十一條 全体社員用通讯直接選舉方式選出監察委員三人，候補監察委員二人（以未當選監委得票次多者充任）組織監察委員會，管理本社監察事务。任期一年，連選得連任，監察委員概為無薪職。

（九十四票通过）

第三十二條 監察委員會職權如左：

一、监察本社财产，
二、查核会计账目，
三、督促决议案之实施，
四、监督发行社章，
五、弹劾失职理事，人事委员及总经理、经理，提交社员代表大会
处理之，
六、处理与监察有关的其他一切事务。
（九十四票通过）
第二十三条 监察委员会互选主席一人，秘书一人，主持会务。监委会三個月开
常会一次，由主席召集，如监察委员因事不能出席时，得由

該委員指定社員一人代表出席。

（九十四票通過）

第三十四條 監察委員得列席理事會及人委會會議，並有發言及建議之權，

但無表決權。

（九十四票通過）

第七章 人事委員會

第三十五條 全体社員用通訊直接選舉方式，選出人事委員九人，連同總經理、經理、理事會主席共十人，組織人事委員會，處理本社人事問題，保障社員利益，設候補委員二人，以未當選正式人事委員得票次多者充任之。

（七十八票通过）

第三十六條　人事委員会互選主席一人，秘書一人，處理日常会务，人委会每月至少開常会二次，由主席召集，不能出席之委員，得由該委員指定社員一人代表出席，人事委員任期一年，連選得連任，人事委員概為無薪職。

（九十三票通过）

第三十七條　人事委員会職權如下：

一、核定職工進退遷調；

二、核定職工薪額；

三、决定工作方向；

四、擬定職工紅利分配办法；

五、考核職工勤惰、勞績，擬定工作紀律及懲奬办法；

六、核准職工兩個月以上之長假；

七、管理宿舍伙食及教育衛生娛樂等事項；

八、處理其他有關職工福利之事項。

但以上第一、二、五、六項，如係關於總經理、經理者，則由理事会核定之。

（九十四票通过）

第三十八條 人事委員会之議決案，足以削減全体職工利益者（如裁員、減薪、增加工作時間）除由社员代表大会決定者外，須經出席委員五分之四之通过，方為有效。

（七十七票通过）

第三十九條 人事委員会對項決定足以变更本社預算者，须经理事会之核准，如人事委員会與理事会意見不能一致時，則由理、監、人委会對推相等數量之委員，組織研究委員会解決之。如研究委員会再不能解決時，則由社員代表大会決定之。

（九十四票通过）

第八章 會計

第四十條 本社於每年六月終、十二月終各結算一次，十二月終之結算應会併六月終之結算而為總結算。

（九十三票通过）

第四十一條　本總社決算時，理事會應通知總管理處造具左列各項表冊，交由本社所聘任之常年查賬會計師，詳細查核，轉送監察委員會由監察委員會覆核後提交社員代表大會。

一、營業報告書；

二、資產負債表；

三、財產目錄；

四、損益計算書；

五、公積金及股息紅利分派之方案。

（九十一票通过）

第四十二條 本社会计年度自每年一月一日起至同年十二月卅一日，下届会计年度総预算由理事会决定之，提交社员代表大会核准之。

（九十四票通过）

第四十三條 每届総决算如有盈餘，应先提公積金百分之十五，捐助生活週刊社創办者中華職業教育社公益金百分之二十，社员福利基金百分之十五，股息百分之二十及職工红利百分之三十，惟股息不得超过年息一分，其超过之者撥歸社员福利基金。

（九十三票通过）

第四十四條 公積金除由社员代表大会议决撥作擴充業务或弥補損失外，不得移作别用。

（九十三票通过）

第四十五條　社員福利基金其動用方法，須由社員代表大会提出決定之。

（七十二票通过）

第九章　社員之權利與義務

第四十六條　社員有自由退出本社之權。

（九十三票通过）

第四十七條　社員均有工作權，即有權獲得有保障之工作和按其勞動質與量而得到適當之報酬。

（九十四票通过）

第四十八條　社員均有休息權，以七小时工作制之推行，星期日例假之確定之

每年卅天休假期之施行，休息室的普遍設立，為之保証。（其細則另定）

（九十四票通过）

第四十九條 社員年老以及疾病或喪失工作能力時，均得有物質保障權，細則另定。）

（九十四票通过）

第五十條 社員不限性別，均享受同等權利，婦女社員在生育前後得有兩個月休假權，薪給照發。

（九十三票通过）

第五十一條 社員均有選舉權和被選舉權，選舉方法係採取記名投票直接方式。

（九十四票通过）

第五十二條　社員有对社务提出意見與批評之權。

（九十三票通过）

第五十三條　社員不得在外经營與本社同樣性質之業务。

（九十四票通过）

第五十四條　社員有遵守本社一切規章之義務。

（九十四票通过）

第五十五條　社員有執行上级决議或指示之義務。如对上级决議或指示有不同意时，可向上级机关提出询问，但在未得解答前，仍须執行该上级决议或指示。

（九十四票通过）

第五十六条 社员有保护及保障本社财产利益之义务。

（九十四票通过）

第五十七条 名誉社员除第四六、四七、四八、四九、五十等条关于正式社员权利不能享受与第五十三条不受拘束外，其余权利义务相同。

（九十四票通过）

第五十八条 尚未加入本社之正式职工除无选举权及被选举权外，与社员享受同等权利并负同样义务；尚未加入本社之试用职工，除无选举权及被选举权外，在试用办法规定之范围内，享有与社员受同等權利並負同樣義務。

（九十四票通过）

第十章 附則

第五十九條 本章程經全體社員三分之二之通过，後發生效力。

（九十四票通过）

第六十條 本章程須經社員代表大會三分之二之通过，方得加以修改。

（九十四票通过）

第六十一條 凡本章程未規定之事項，悉依照合作社法办理之。

（九十四票通过）

四、通過名譽社員

通过黄任之、江问渔、杨卫玉、沈钧儒四先生为本社名誉社员。

五、举行选举

指定黄洛峰、孙明心写票，王志莘唱票，沈敬、李济安监票。结果如下：

一、理事

徐伯昕 一百票 邹韬奋 九十票 杜重远 八十九票

胡愈之 八十八票 王志莘 七十九票 甘蘧园 六十八票

张仲实 六十三票 沈钧儒 六十二票 邵公文 五十二票

李济安 五十三票 王泰来 五十票 当选理事。

黄任之 三十八票 艾寒松 三十一票 当选为候补理事。

金仲华 二十八票 陈锡荣 二十八票 徐明心 二十八票

毕云程 十八票 严长衍 十八票 孙梦旦 十四票

陈锡麟 十二票 陈其襄 十票 周积涵 八票

顾一凡 七票 陈志民 七票 江问渔 六票

杨卫玉 五票 诸祖荣 四票 毕子桂 三票

薛迪畅 三票 朱平初 三票 方学武 三票

卞祖纪 三票 黄宝珣 三票 薛天鹏 二票

刘执之 二票 吴璟 二票 陈子敏 二票

王敬德 二票 陈文鉴 二票 赵晓恩 二票

楊義方二票　陳文江二票　吴全衡二票
范廣楨二票　金仲華二票　江鍾淵一票
袁信之一票　杜國鈞一票　周幼瑞一票
張又新一票　張春生一票　黄洪年一票
任乾英一票　嚴長慶一票　楊永祥一票
卞鍾俊一票　徐植璧一票　孫潔人一票
胡耐秋一票

二、人事委員

張錫榮六十四票　袁信之六十三票　艾寒松五十三票
張又新四十九票　薛迪暢四十二票　顧一凡四十二票

華風夏三十八票　范廣楨三十四票　孫明心三十四票

當選人事委員

吴全衡三十四票（自願棄權），諸祖榮二十七票為候補人事委員。

邵公文二十六票　徐志民二十三票　王泰來二十二票

李濟安二十二票　黄宝珣二十二票　周積涵十八票

莫志恒十八票　杜國鈞十六票　胡耐秋十五票

薛天鵬十五票　趙曉恩十四票　陈鈞鏵十三票

徐子敃十一票　甘蘧園十票　方學武十票

嚴長衍十票　金仲楳九票　畢子桂九票

楊毅方九票　刘執之九票　孫夢旦九票

孟漢臣八票　卞祖紀八票　陳其襄八票
嚴長慶五票　陳文江四票　鄒韜奮四票
周幼瑞四票　張仲實三票　王錦雲三票
周名寰三票　黃洪年三票　陸鳳祥二票
張春生二票　黃寶元二票　董文椿二票
邱振華二票　徐啟雲二票　王葆德二票
江鍾渊二票　夏長貴二票　胡愈之二票
倪約儒二票　楊衛玉一票　陳四一一票
羅　穎一票　殷榮爵一票　畢子芳一票
施勵奮一票　卞鍾俊一票　王志萬一票

殷益文一票　徐植璧一票　吳　琛一票
胡連坤一票　黃仍之一票　倪先林一票
倪俊元一票　金仲華一票　孫潔人一票
畢雲程一票　朱平初一票　程樹章一票

三、監察委員

陸子敏五十六票　陳其襄四十票　杜國鈞二十八票
當選監察委員
嚴長衍十八票　畢雲程十七票為候補監察委員。
孫夢旦十三票　陳錫麟九票　薛天鵬八票
王泰來八票　薛迪暢八票　鄒韜奮七票

袁信之 六票　陳仲實 六票　艾寒松 五票

孫明心 五票　方學武 四票　周積涵 四票

諸祖榮 四票　金仲華 四票　邵公文 三票

杜重遠 三票　陳錫榮 三票　畢子桂 三票

孟漢臣 三票　范廣楨 三票　李濟安 三票

朱平初 二票　徐伯昕 一票　吳　琛 二票

倪百民 二票　倪俊元 二票　江向漁 二票

黃倍之 二票　謝珍水 一票　吳全衡 一票

莫志恒 一票　陳志民 一票　嚴長慶 一票

杜福泰 一票　王志莘 一票　顧一凡 一票

胡愈之一票　甘蘧園一票　卞祖纪一票

金在楨一票　沈鈞儒一票　周幼瑞一票

六、主席團致閉会词

耗費許多時间和精力經过修改的新社章，業已圓滿通过。切盼已久的本店的新的領導幹部業已産生，当能以新的姿態為本店業務前途努力。

七、散會

主席團

[illegible]

徐伯昕

[illegible]

记錄

附記：邵公文社員當選理事後，於二月廿五日提出辭職書，原文如下：「此次選舉結果，敝人亦被選為理事，茲因敝人之事務較繁，加以身体又弱，故特誠懇提出辭去理事之職，並擬請改推金仲華先生遞補敝人之缺，蓋金仲華先生對本社事業將有更多之貢獻，請渠當理事，至為適宜也，務祈諸位先生俯察下情，准此所請為感」。留渝全体理事認為邵公文社友所述各端均為事實，且有充分理由，同意按照所請辦理。

留渝理事

生活出版合作社

第五届理事会会议记录（一）

第五屆理事會會議記錄（一）

生活出版合作社

生活出版合作社第五屆理事會

民国二十八年四月廿八日在重慶舉行

出席者

沈鈞儒

鄒韜奮　徐伯昕

杜重遠（黄人章乃器代）

甘蘧園（張志讓代）

李濟深

張仲實（鄧初民代）

金仲華（艾寒松代）

胡愈之（[illegible]代）

主席　鄒韜奮

記錄　張錫榮

主席報告

本會全體社員選出十一人組織，除王太來、王志莘兩先生缺席外，餘均親自出席或照章推派代表出席。本會為本社最高領導機構，舉行形式雖簡單，但意義重要，足以表現本店同志堅苦奮鬥的精神。因各人均忙於工作，對於成立會之準備未能充分。成立會議程如下：

一、臨時委員會工作報告，

二、選舉常務理事五人，主席一人，秘書一人，總經理一人，經理一人；

三、討論本店組織大綱，

四、討論二十八年度工作計劃

五、討論本會組織及辦事細則。

一、徐伯昕先生報告臨時委員會工作

A臨時委員會係由二十五年八月三十一日第二次臨時社員大會通過組成，於同年九月三日正式成立，迄本屆（第五屆）理事會成立日止，計二年七月有二十五日，臨時委員會在時期內之工作，茲擇要報告如下：

第一　關於社務方面者

臨時委員會係由理事會、人事會及監察三個機構合組而成，委員人數為十一人，（王志莘、杜重遠、鄒韜奮、張仲實、陳錫麟、李濟安、周積涵、張錫榮、孫夢旦、孫明心、徐伯昕）共舉行會議五十八次，議案達二百〇七件，其中執行者一百九十三件，因困難而未執行者十四件。茲分別摘述如下：

（一）理事會部份

（1）二十五年九月二十四日決議停收社員，二十七年五月十三日取消決議。

（2）籌設廣州、漢口、西安、重慶、成都、香港、桂林等分支店辦事處。

（3）辦理徵繳所得稅，申報本店資金十五萬元，負責人徐伯昕。

（4）出社社員秦逸舟、陳冠球、林孟喻、張洪濤、孫鶴年、陸鳳祥許三新。
死亡社員陳之、孫夢旦。
(5)擬定收印圖書辦法。
(6)組織編審委員會。
(7)決定重心遷漢，由漢遷渝。
(8)增收社員黃任之、胡愈之、沈鈞儒、楊衛玉、江問漁、胡耐秋、華風夏、張逸雲、徐植璧、鄒峻甫、楊永祥、王志萬、金世楨、李仁哉、胡連坤、任乾英、金偉民、袁潤、黃寶元、甘蘧園、陳國樑、范廣楨、羅穎、陳雲才、張春生、杜福泰、統敢、許三新、馮成就、區鐵、瞿愷明、馮景耀、王紹陽、洪俊濤、謝珍水、吳琛、夏長貴、王敬德三十八人。

(9)設立總管理處分管理處，修訂組織系統。

(10)修改與表決新社章，並選舉第五届理事、監察、人事委員、

(11)購置卡車一輛。

(12)組織社員小組會及業務會議。

(二)人事委員會部份

(1)訂定員工試用辦法。

(2)訂定分店服務規程。

(3)訂定職工疾病死亡津貼辦法。

(4)訂定門市科職員穿着制服暫行辦法。

(5)訂定職工調往外埠旅費及假期試行辦法。

(6)訂定本店徽章式樣及佩帶辦法。

(7)訂定職工訓練辦法。

(8)訂定職工赴國外攷察及留學津貼辦法。

(9)訂定職工預支薪水及借款辦法。

(10)決定在戰爭初發時期实行減薪。

(11)核定畢有華、王錦雲、周保昌、殷一文、杜國鈞、朱樹廉
請假求學。

(12)舉辦同人儲金。

(13)訂定有眷屬同人往外津貼辦法。

(14)決議同人調職携帶母、夫妻、子女津貼辦法、

(15)印發工作與生活調查表、

(16)提高最低薪額、

(17)組織同人自治會小組會、

(18)撫恤陳元、何中五、孫夢旦、

(19)處理西安分店糾紛及廣州陸鳳祥等私營翻版案、

(20)訂立迴避法、

(三)監察部份

(1)審核二十五年下期決算、

(2)審核二十六年上期決算、

(3)審核二十六年下期決算

本社會計年度，過去係自每年七月一日起至次年六月卅日止為一年度，現已改自每年一月一日至十二月三十一日止為一年度。臨委會開始時之第一屆半年（即二十五年七月一日至十二月三十一日）起，各項帳册，均按期送交潘序倫會計師查核證明，惟自抗戰開始，總店重心分散後，因帳册短期內不能集中，故尚未交由會計師查核。但此項結算報告，均曾按期在本會報告。茲將歷屆營業情形，分列如下：

1.營業總額

二十五年下期　二八二，八三七.四六

二十六年上期　三三四、五九八.〇九

二十六年下期　二七五、八四三.〇五

二十七年上期　四三五、二三七.二〇

二十七年下期　四六〇、〇五九.七〇

〔說明〕二十六年下期因上海重心分散，生產減少，營業亦因之低落。

又、銷貨成本

二十五年下期　二一九、一七九.六九

二十六年上期　二六七、七二一.二〇

二十六年下期　一九一、五八六.八三

二十七年上期　三〇一、九一四.九〇

3、各項開支

二十五年下期　三九、九六九、一二

二十六年上期　四四、一二八、〇五

二十六年下期　五六、一二四、一七

二十七年上期　七九、八九八、三二

二十七年下期　九八、六三一、六八

4、歷屆盈虧

二十五年下期　盈　一、〇〇三、五四

二十六年上期　盈　一、一〇三、一四

5、捐助生活週刊社創辦者中華職業教育社公益金百分

之二十

二十五年下期　二〇〇・七〇

二十六年上期　二二〇・六二

第二　関於業務方面者

本店業務方面，在臨委會成立之初，環境重重壓迫，大众生活停刊，郵局路局嚴扣書刊，因之各種工作，未能如預期之進行順利。此後抗戰開始，我軍西移，本店重心遷漢，以迄移渝，經濟漸較困難，造貨運輸等工作尤為艱苦。茲分別摘述其變遷情形如下：

（一）関於組織之變遷

本店原設總店於上海，分總務、編輯、出版、營業四部，後為謀業務上便利計，曾將編輯、出版合併為出版部，迨至廿七年七月一日起，在漢口組織總管理處，增設主計部，本年一月又將主計部併入總務部，出版部改為生產部，而增添服務一部，另設秘書處，並組織編審委員會，及成立東南、西南兩區管理處，同時建立社員小組、同人自治會小組、及業務小組三系統，使組織逐漸改進，更臻完善。

(二)關於業務之發展

(1)增設各地分支店，使發行網遍佈全國。

本店在抗戰以前，除上海總店外，僅成立漢口、廣州兩分店，及香港之安生書店，安生後以營業不振而收縮歸併粵店辦理。自抗戰開始後，陸續增設西安、重慶、成都、桂林、長沙、梧州、昆明、貴陽、蘭州、香港等分店，同時增設萬縣、衡陽、宜昌、南鄭、立煌、吉安、南城、金華、麗水、天水、沅陵、常德、柳州、南寧、桂平、樂山、南平、於潛等支店，及辦事處，總計達三十八處。當滬書店移至內地時，曾與南京中央書店、杭州之江書店、開封北新書局、蕪湖科學圖書社等四處成立辦事處，嗣以戰局變化，先後收縮。其他如廣州、漢口、長沙、南昌、遂川、恩施、巴東、海門、餘姚、百色、六安、酆都、開江等十二處，或因戰局推移，或因試辦流動，亦已先後遷移。總計本店直接到達之處，已在四十處以上。

2.擴展各地批發戶，增進同業之好感。

本店以人力財力有限，不得不與各處內地同業發生良好關係，使文化工作網能普遍深入內地。臨委會成立前內地批發戶計四百六十餘戶，截至最近止，擴展至二千三百五十餘戶，增加數達五倍以上。

3.郵購戶激增，發揚本店服務精神。

郵購讀者，原有三萬餘戶，經在手續上之改進，辦理之迅速，選書之審慎，以及服務之週到等，同時又特約中國、交通、上海、新華、江蘇省農民、華僑、浙江興業、富滇新、聚興誠、大陸等十大銀行，免費收受購書滙款，使讀者更便利而省費，以致在二十六年三四月间激增至五萬餘户，較過去增加一倍有半。

4.本版書營業額超過外版書

本店最初側重代辦書報工作，此後本版書逐漸加緊生產，致營業額亦逐漸增高，在臨委會以前，本版書營業額僅及外版書三分之一強，迨至二十七年度結賬本版書營業額已超過外版書五分之一而有餘。

(三)關於生產力之增強

1.出版各種性質之定期刊

本店出版之雜誌，變動最多，除世界知識與婦女生活歷史的最久外，在臨委會前共出版雜誌十三種，以後繼續新出者有中華公論、國民周刊、新學識、生活教育、抗戰三日刊、戰時兒童、抗戰画報、集納週報、全民週刊、文藝陣地、戰時教育、讀書月報等十二種。其中停刊者有八種，全民與抗戰合併出版「全民抗戰」一種。現在出版者七種，其中銷行最廣者之一種達五萬餘份。

乙、單行本叢書

單行本在臨委會前出版者計一百三十餘種，至最近止共有六百三十八種，較前增加四倍。其中銷數最多者為戰時讀本。叢書原有七套，新出達二十套之多，其中以青年自學叢書及大众讀物銷行為最廣。

（四）關於工作人員之增加

在臨委會前滬漢兩店工作人員共八十四人，現已增加至二百六十八人

尤以抗戰開始以後擴展為尤速，約較前增加至三倍半以上

決議：通過徐伯昕先生關於臨時委員會的工作報告。此項報告本須向全体社員公佈，但目前因環境關係，郵寄文件頗多不便，決交與常務理事會按照實際情形酌量報告社員。

六、舉行選舉常務理事、主席、秘書、總經理及經理。

主席指定邵公文、張錫榮開票，李濟安檢票。開票結果：

常務理事：鄒韜奮八票、徐伯昕八票、金仲華七票、張仲實六票、李濟安六票，以上當選。

主席：徐伯昕五票當選。

秘　書：金仲華五票當選。
總經理：鄒韜奮八票當選，
經　理：徐伯昕七票當選，
成立會暫推鄒韜奮主席，張錫榮記録，
三、討論本店組織大綱
B、本店組織大綱草案
第一條　本店由生活出版合作社理事會互選一人為總經理，
代表理事會總攬本社業務，並為本店对外代表。又
選任社員一人為經理，協助總經理處理業務。於必
要時得增襄理一人，由總經理推薦，向人事委員會

提出通過，經理事會核准聘任之。

第二條 全体社員由通訊直接選舉方式選出監察委員三人，組織監察委員會，查核会計賬目及督促社務之進行，並於總管理處總務部設稽核科辦理審核事宜。

第三條 全体社員用通訊選舉方式，選出人事委員九人，連同總經理及理事會主席共十一人，組織人事委員會，專任審核同人之進退獎懲及福利等事項，並得在總管理處總務部設人事科，办理考核登記事宜。

第四條 本店設總管理處，內分設總務、生產、營業、服務四部，並在桂林及香港分設西南與東南兩區管理處，處理全店之事務與業務。

第五條　本店在總管理處另組編審委員會，專任設計編輯計劃，並得依事實上之需要，在西南及東南兩區成立分會，處理編審事務，並於總管理處生產部設編校科，辦理校对等事務，

第六條　總經理經理得設秘書處，襄助机要事宜及掌理全店文書統計等事宜。

第七條　總務部掌理審計及人事等事宜，統轄會計、稽核、事務、人事四科。會計科得設出納賬務兩股，事務科得設收發、庶務兩股。

第八條 生產部掌理印刷、校对及定購紙張等事宜，統轄編校、出版、圖版、材料等四科。

第九條 營業部掌理營業及推廣事宜，統轄分店、推廣、栈務三科，分店科得分設進貨、發貨、運輸三股。

第十條 服務部掌理讀者服務事宜，統轄調查、代办、两科。

第十一條 本店得以事實上之需要，在總管理處聘任總稽核一人，担任審核會計事务。

第十二條 區管理處掌理造貨及發貨事宜，统轄生產、營業两科。

第十三條 本店各地分支店，分别處理各店全部業務與事務，得依事實上之需要分設總務、會計、營業三課。

第十四條 本店總管理處各部主任、各科主任、及員工，區管理處主任、各科主任、及各分支店經理、總務、會計、營業各課主任，均由總經理聘任後提交人事委員會核定之。各分支店員工由分支店經理聘任後報告總經理核定，並提出人事委員會通過之。

第十五條 本店為擴展業務、集思廣益起見，總管理處得組織業務會議，各科得組織科務會議，各支店得組織店務會議，其章程另定之

第十六條 本店為加强組織起見，總管理處及各分支店得組織

社員小組會及同人自治會，其辦法另定之，

第十七條　本大綱由理事會議決施行。如有增删或修正，應由理事会議決之

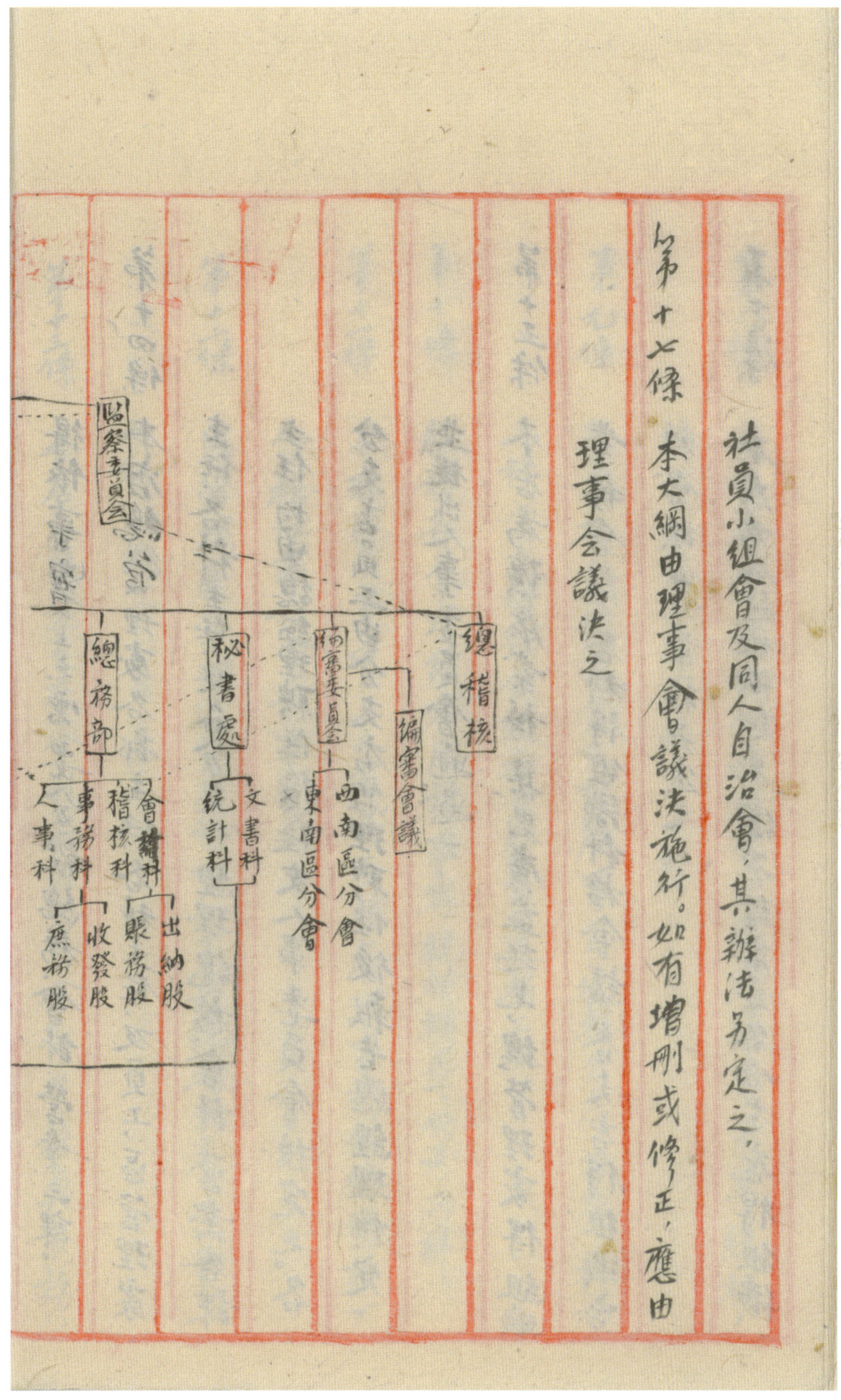

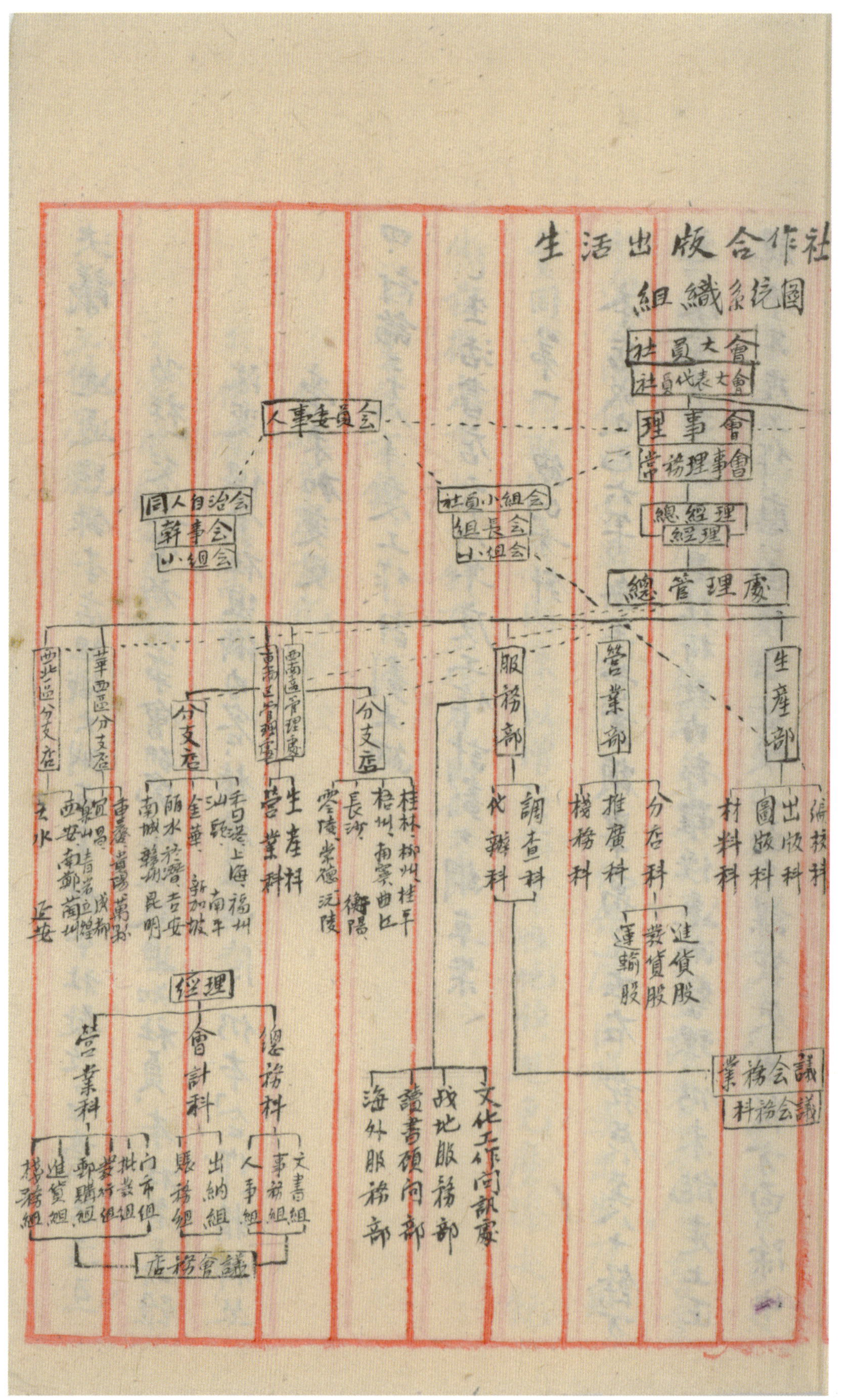
生活出版合作社
組織系統圖
社員大會
社員代表大會
理事會
常務理事會
總經理
經理
總管理處
人事委員会
同人自治会
幹事会
小組会
社員小組会
組長会
小組会
西北區分支店
華西區分支店
東南區管理處
西南區管理處
分支店
分支店
服務部
營業部
生產部
天水 延安
西安 南鄭 蘭州
營業科
生產科
長沙 衡陽
零陵 常德 沅陵
調查科
代辦科
推廣科
棧務科
分店科
進貨股
發貨股
運輸股
編校科
出版科
圖版科
材料科
業務会議
科務会議
文化工作咨詢處
戰地服務部
讀書顧問部
海外服務部
經理
營業科
會計科
總務科
門市組
批發組
郵購組
進貨組
棧務組
出納組
賬務組
文書組
事務組
人事組
店務會議

決議　通過照録本店組織大綱草案，惟本社擬改名為「生活互助社」，交與常務理事會研究確定後通知社員，本社名義雖改変，但本社組織内容，精神及実際，仍本「合作」精神，並毫未加変更。

四、討論二十八年度工作計劃大綱

C、生活書店二十八年度工作計劃大綱草案

第一　總的方針

本店成立已六年，每年營業額由十萬元左右，發展至八十餘万元。環境多艱阻，屢受挫折，致内部雖經逐漸整理，仍未能走上正規。本年度工作，應一面積極整頓，一面力謀發展。出版方面，除中高級基本讀物仍應繼續編行外，對於通俗讀物，尤須注意大量編印，以爭取廣大落後群众及士兵等，建立讀者基層。營業方面必須偏重於戰地及淪陷區之文化供應，同時與出版及販賣同業，均取得良好關係，以增強商業性地位，避免磨擦尖銳化。茲擬定業務方針及工作原則如下：

六、業務方針：

1、促進大眾文化；

2、供應抗戰需要；

3、發展服務精神；

六、工作原則：

1.合作經營

2.計劃生產

3.科學管理

第二 關於社務部份

社務方面，自理、監、人委員會成立後，第一應切實做到嚴格實施社章之文字與精神，第二加強社員小組、自治會小組、業務小組並擴大其作用，第三，厲行職工之合作社教育，下列各項工作希望在本年度逐一完成舉辦：

一、調製社員名冊，發給社員證；

二、釐訂社員資格，審查標準；

三、訂定組織系统大綱及理監事會各委員會辦事细則；

四、成立經濟研究委員会，籌劃流動資金暫定二十萬元；

五、擴充幹部，訓練幹部，举辦研究會；

六、充实並擬訂社員福利各項詳细办法；

七、整理訂定職工薪给標準及加薪辦法；

八、修正服務規程；

九、嚴格考績，訂定工作纪律及懲奬办法；

十、舉行工作競賽與奬勵办法。

十一、實行巡迴检查制度

第三、關於業務部份

業務方面，主要為健全總管理處及區管理處之組織，並與各分支店取得密切連繫，使能靈活運用，發揮各部门力量，並能迅速造貨，迅速分發，其工作分列如下：

一、生產方面：

1、本年内新書計出七百三十九万字，分重慶、桂林、上海三處造貨，其種類如下：

A、高级讀物　十四種　二百十六萬字

B、中级讀物　廿九種　一百四十八万字

C、時事讀物　卅四種　一百五十二万字

D、工具書　十四種　八十万字

E.通俗讀物　　百五十六種　　一百四十三万字

1.定期刊物除已出之「全抗」「世知」「婦生」「文陣」「讀書」「戰教」「理現」等七大雜誌以外視能力再陸續出版下列各種刊物：

A.通俗刊物

B.抗戰画报

C.兒童刊物

D.少年刊物

2.已出版之書籍，全部加以審查，分成暢銷書、次銷書、滯銷書、绝版書四類，除绝版書（一百五十四種）暫停印行外，其他各類，照下列數量陸續予以重版發行：

A.暢銷書　五十一種　一百萬冊

B.次銷書　一百廿五種　一百廿万冊

C.滯銷書　一百廿九種　八十万冊

4.已出版之叢書，依其性質合併，重行編目，在重版時改正出版；

5.完成小規模之資料室；

6.派員學習造紙，以三千至五千元資本，試辦小規模造紙廠；

7.以一萬至一萬五千元資金，籌設一小規模印刷廠，專印重版書刊；

8.編訂各種單行本版次及歷年印數統計表；

9.編製各種書刊成本計算表；

10.擬訂各區進貨分配明細表。

六、營業方向：

1.本年度營業額希望增加至一百萬元，内本版書佔六十万元，雜誌佔十五萬元，外版書刊佔二十五萬元，另造詳細預算，

2.開展戰地及淪陷區文化供應工作，除原有東南區——香港、上海、昆明、金華、麗水、於潛、吉安、南城、南平、福州等；西南區——桂林、柳州、梧州、南寧、桂平、沅陵、衡陽、常德、曲江等；華西區——重慶、成都、樂山、萬縣、宜昌、立煌、貴陽等；西北區——西安、南鄭、蘭州等共二十九處外，擬照下列地點陸續增設十三個據點：

A.東南區—汕頭、新加坡、海防、屯溪、贛州、梅縣；
B.西南區—邵陽；
C.華西區—襄樊、康定、敘府；
D.西北區—長治、洛陽、迪化。
3.舉辦各省區流動供應工作；
4.增強同業間連繫，並廣設雜誌分銷處；
5.本版各雜誌希望每期增加至下列銷數；
A.全民抗戰　三萬份
B.世界知識　二萬份
C.婦女生活　一萬份

D. 文藝陣地　一萬五千份

E. 讀書月報　一萬五千份

F. 戰時教育　六千份

G. 理論與現實　一萬份

6. 擴充郵購户，發行書劵，恢復銀行免費匯欵購書办法；

7. 外版雜誌之内容正確豐富者，儘量爭取由本店代為總經售；

8. 自備卡車一二輛，經常往来於滇、桂、渝、陝段運輸書籍；

9. 教科書應設法普遍推行至各學校採用；

10. 按月編製全國抗戰書報聯合廣告；

11. 統一各店門市佈置與圖書分類；

12. 每三月編印新書目録一次。

三、總務方面：

1. 調製各店職工名册，製發職工証及徽章；

2. 訂定分支店管理系統及辦事規程；

3. 拟訂區管理處組織大綱及辦事細則；

4. 編製本年度預算書；

5. 拟訂會計規程及改革會計制度；

6. 嚴格執行經常奬懲登記，每三月必須考績一次，及調查工作及生活狀况；

7. 調整和補充各店工作人員；

8. 各店設立休息室；

9. 集中供應各店文具印刷用品；

10. 編造各店生財總册；

11. 辦理同人零存整付儲金。

四、服務方面：

1. 開展戰地文化服務工作；

2. 成立讀者傾向部，發行「生活推薦書」；

3. 設立文化工作問詢處；

4. 各店設置讀者閱覽坐位；

5.实行海外服務部；

6.实行傷兵文化服務工作；

7.实行出版服務工作

決議：通過照錄本社廿八年度工作計劃大綱草案，惟对於業務方針「促進大众文化」一條，應作如下的正確解釋，即出版和販買以科學社會主義為內容之書報，以少識字者，落後知識分子，中間階層為主要教育对象，同時滿足進步知識分子之需要。為避免政治環境之壓迫起見，應特別注重技巧，並應整個的改變過去顯露鋒芒的作風。此外对於生產方面第七項設廠地点，除昆明外，成都亦可加以致慮。因成都可能為將來重慶之退步，目前有適當的合作者，以上均由常務理事會設計調查進行之。

討論本會組織及辦事細則

丁、本社理事會組織及辦事細則草案

一、組織

第一條　本會根據生活出版合作社章程第二十五條之規定，由全體社員用通訊直接選舉方式，選出理事十一人組織理事會，執行社員代表大會之決議案，設計及管理本社一切業務。

第二條　本會並依照社章第二十八條之規定，由理事會選舉常務理事五人，組織常務理事會，處理日常事務。

第三條　本會設主席一人，秘書一人，由常務理事會互選之。

第四條　本會開會時，由常務理事會主席任主席，如主席請假，則公推理事一人為臨時主席。

第五條　本會秘書，掌管會議記錄，及一切文件，並照規定時期徵得主席之同意，召開會議，通告應於開會前一日發出之。

第六條　本會開會時，出席理事以三分之二為法定人數，不足法定人數時，不得開會。

第七條 本會開會時，任何表決，必須得出席理事過半數之通過，方為有效。

第八條 本會開會時，討論事項有涉及個人者，關係人本身無表決權。

第九條 本會開會時，討論事項有涉及某一部或某一科者，得邀各該部科主任或職員列席會議，

第十條 總經理請假時，由經理代理，如同時請假時，由常務理事會主席指定理事一人代理之，

二 理事會議

第十一條 理事會應於每三月在本社開常會一次，如遇有重要事項急待討論，得由主席召集臨時會議。

第十二條 理事如有事故不能出席時，得由該理事指定社員一人代表出席。

第十三條 本會每次常會，總經理應將過去三月内編審、總務、生產、營業、服務等各事項，提出報告。

第十四條 本會議工作如下：

1. 審核社員進退；
2. 決定出版計劃；
3. 決定營業計劃；
4. 解釋一切規章及社務進行計劃；
5. 召集並籌備社員代表大會；

6. 考核總經理經理勤惰勞績及懲獎；

7. 組織專門委員會研究各項專門問題；

8. 領導社員小組會。

三、常務理事會議

第十五條 常務理事會應於每月舉行常會一次，遇必要時得由主席召開臨時會議。

第十六條 常務理事如因故不能出席時，得由該常務理事指定理事一人代表出席。

第十七條 本會議工作如下：

1. 決定出版具體計劃；

二、決定營業具体計劃；
三、解釋一切規章及社務進行計劃；
四、組織專门委員會研究各種專门問題；
五、領導社員小組會。
本會議如有重要決議足以變更整個計劃者，須經理事會核定之。

四、附則

第十八條 本會關於社務上之通告，由常務理事會主席具名，關於業務上之通告，由總經理具名。

第十九條 本會因業務上及管理上之必要，凡本會委員对於本會任何議案或決議案，除主席具名通告或指定委員傳達者外，有保守秘密之必要。

第二十條　本會會議記錄及一切文件，應由常務理事簽字，由秘書負責保管。

第二十一條　本細則如有未盡事宜，得隨時提議修正決定之。

決議　通過照錄本社理事會組織及辦事細則草案。惟对於第十四條第八項領導社員小組會之方法，應有具体規定。对於十九条應保守秘密之決議案，須特别由主席指出，並由秘書注明，俾資絶对保守秘密。

代主席

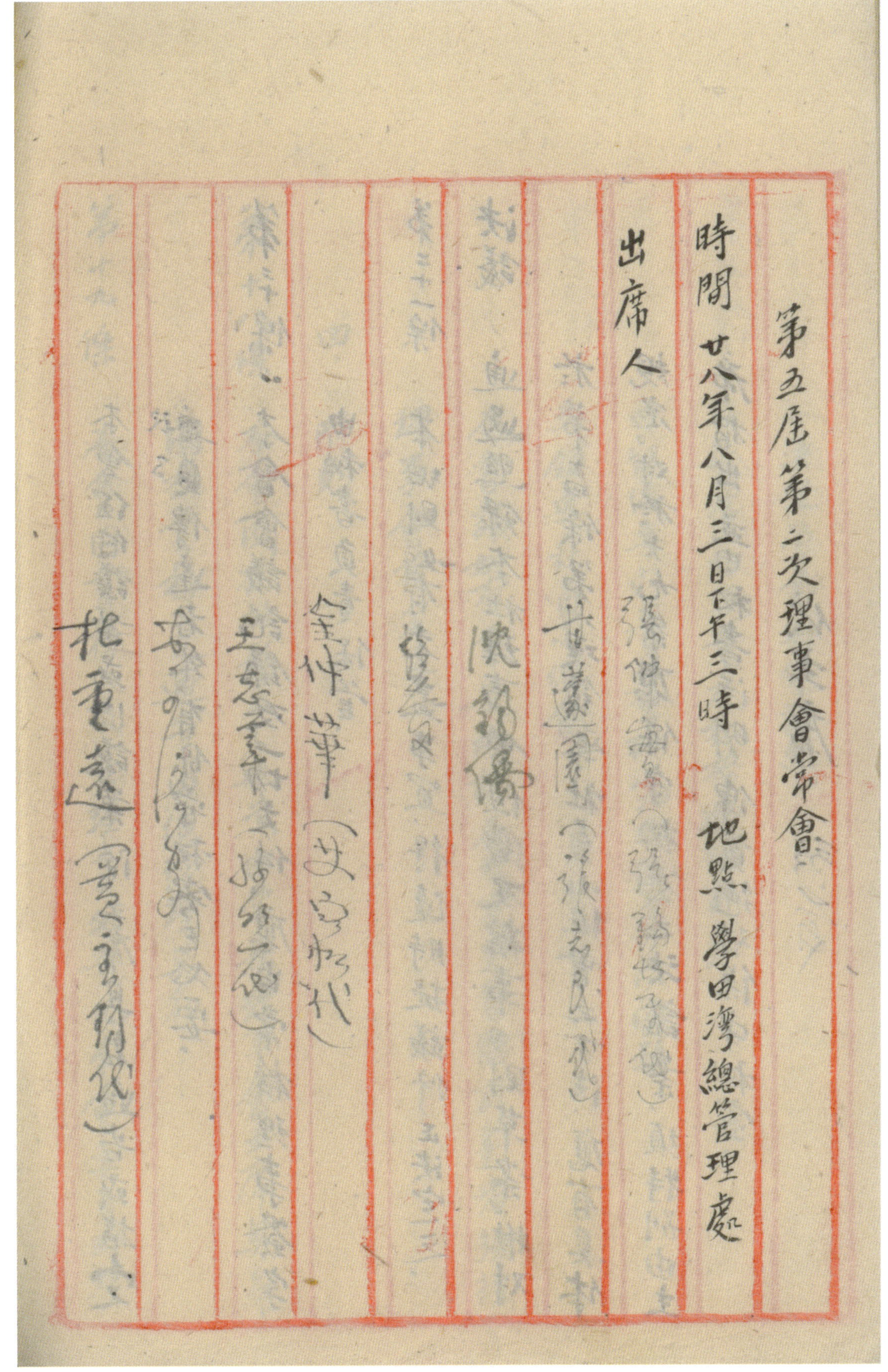

第五屆第二次理事會常會

時間 廿八年八月三日下午三時　地點 學田灣總管理處

出席人

張仲實（張錫榮代）

甘遽園（張志民代）

沈鈞儒

徐伯昕

金仲華（史[illegible]代）

王志莘（[illegible]代）

[illegible]

杜重遠（[illegible]代）

主席　徐伯昕
記録　艾寒松
報告事項：
徐伯昕先生報告
(一)理事王志莘、胡愈之(畢雲程代)張仲實(邹公文代)因公不能
出席，來信推請代表如下：
1.王志莘先生請孫明心先生代表出席
2.張仲實先生代表邹公文先生轉請張錫榮先生代表
出席。

3.胡愈之先生代表畢雲程先生轉請張錫榮先生代表出席，惟因張君已有代表，只得缺席。

(二)廿八年第二季(四月至六月)渝地編審會生產計劃完成狀况：

册數　計劃出版　六十五本

結果完成　四十八本

尚差　十七本

字數　計劃出版　一百七十九萬

結果完成　一百七十三萬三千

尚差　五萬七千

(三)第一季及第二季逐月生產量總值之比較。

第一季生產量總值：

一月至三月　一六七一二·四〇元

第二季生產量總值：

四月至六月　六八五、三一六元

(四)廿八年一月至六月份各分支店營業總況

①一月至六月營業總額約計為：四一七、〇一〇·七七元

(五、六兩月尚有一部份未列入)

②其中以三四二個月之營業為最好：三月份為九六、三九五·元；

四月份為八一三一七·三三元。

(五)廿八年一月份至六月份各店開支總況

半年來開支總額約為：一〇〇，三七一．三七元．

（亦有一部份未寄到，每月開支約為二萬元）

(六) 廿八年度各店被當局誤會查封情形

各店查封及被迫停業日期：

(1) 西安 四月廿一日

(2) 南鄭 五月四日

(3) 天水 五月卅日

(4) 沅陵 六月十三日

(5) 宜昌 六月十七日

(6) 吉安 六月廿四日

⑦赣州　六月廿四日
⑧金华　七月一日
⑨屯溪　七月初
⑩曲江　七月八日（七月十八日复业）
⑪兰州　六月廿六日（七月一日复业）
⑫万县　七月九日（栈房被查）
（七）预备结束及拟新佈置之分支店
1.拟收束之分支店：
南郑、乐山、宜昌、万县、沅陵、吉安、丽水、屯溪、青岩共九处。
2.拟进行建立之分支店：

①浙、赣、闽至少各留一据点；

②广州湾已建立一据点，作为转运交通之用，同时营业已

先做批发。

③广东连县增设一支店在筹备中。

(八)海外营业方面之布置：

①除香港已设立分店外，新加坡分店房屋已租妥，准备在八月

十五日开幕营业。

②在拟计划设立中之海外分店：

吉隆坡、马尼剌、西贡等三处。

(九)西北方面业务扩展之布置：

①正在與迪化文化書店商訂合作辦法

②在計拟設立山西宜川據點

(十)本店出版各雜誌每期平均銷數統計：

①全民抗戰　一三，五四五份

②讀書月報　三，六二五份

③世界知識　一四，〇五五份

④婦女生活　六，三六八份

⑤文藝陣地　一〇，一二五份

⑥戰時教育　三，九七五份

⑦理論與現實　八，〇〇〇份（香港印数未列入）

此外代總經售者：
國民公論 五，九九一份
文藝戰線 八，八三四份
(十)廿七年全年營業開支全体損益計算
①銷貨收益 八九二，四二五，九八元
②銷貨成本 四五六，元八，一九元
③毛利 四三六，一二七，七九元
④其他收益 五，五八六，三八元
⑤收益總額 四四一，七一四，〇七元
⑥銷售費用 四二九，九六六，七二元

⑦纯益　二、七四七、三五元

（十二）服務部成立以来之工作概况

①設立「文化工作者問訊處」

②参加重慶市空襲後之救護工作

③發送全民抗戰戰地版，每期一萬份：四千餘份由自己直接分發，餘送政治部輸送前方。收到捐款共：三九四六、一八元。（六月底止）

④發動寫慰勞信響應政府號召，結果共得慰勞信達十二萬封以上。

（十三）改本社為互助社之執行情形：

根據廿八年四月廿八日本會第一次會議決定：將本店改名為

「生活互助社」並通知社員。該決議已予執行，各分支店之章則皆已改為互助社名義

討論事項：

1.為擴展本店業務，應如何籌措整個經濟案（附擬定籌措辦法）

可能籌措整個經濟之辦法分為五種、

①將本店改為兩合公司組織，即分有限責任股東與無限責任股東兩種，由本店任無限責任股東，有限責任股東則為吸收之外股，

②組織銀團借款，即向銀行採用担保信用借款。

③發行店債，分向對本店事業同情者進行募集，辦法草

生活出版合作社

第五届理事会会议记录（二）

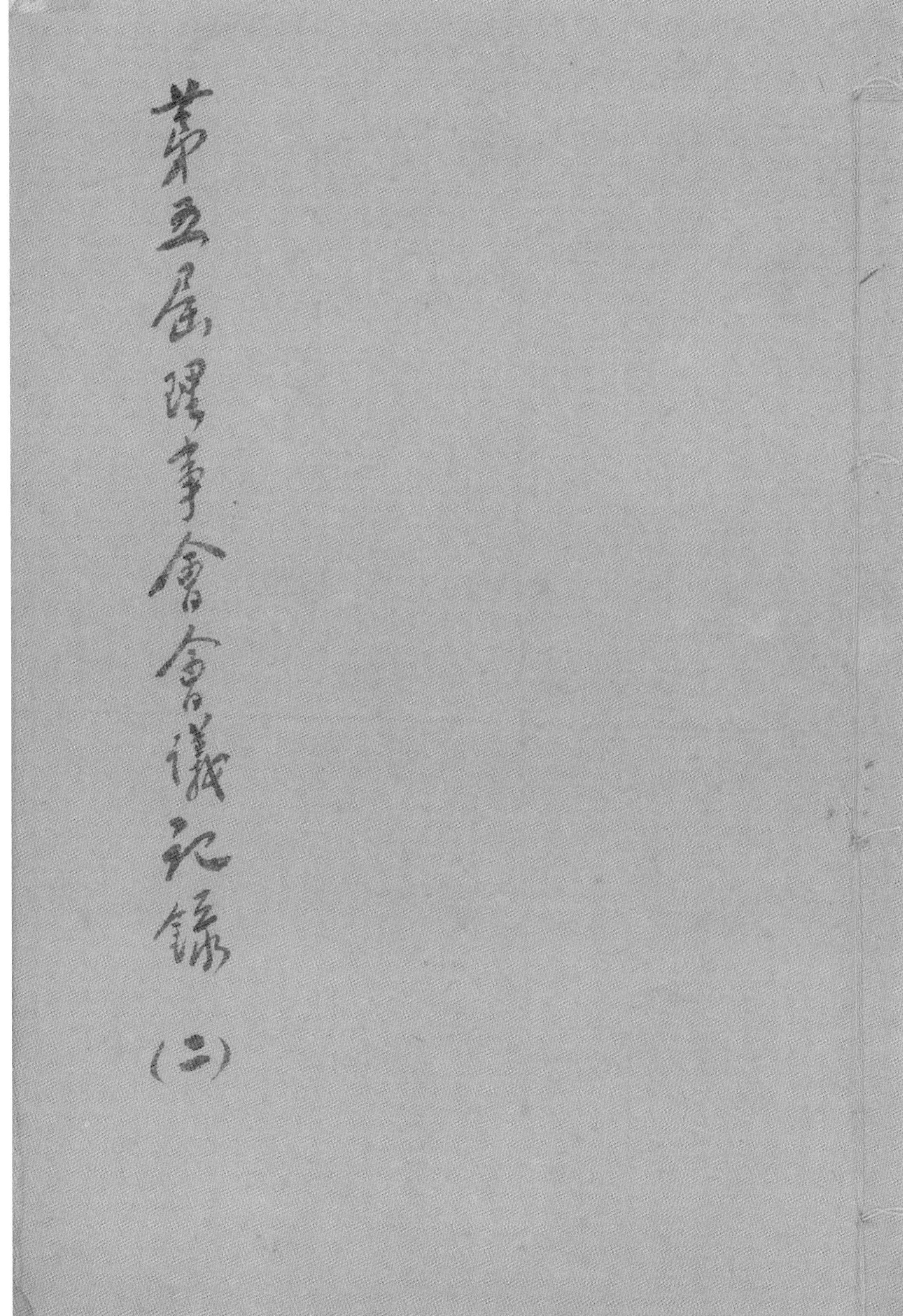

第五屆理事會會議記錄（二）

擬如左：

（生活書店發行債券條例草案）

一、本店為籌集資金，以擴展印刷出版事業起見，發行第一次債券

二、本債券發行額定國幣式拾萬元

三、本債券之本息，以書店全部財產作担保

四、本債券按週息八厘計息，於每年　月　日一次付給。

五、本債券分十年攤還，每年用抽籤方法歸還十分之一，至民國　年　月　日全數歸清，抽籤於每年　月　日舉行之。

六、由本店委託新華銀行負責本債券基金之保管與還本付息事宜。

七、本債券按月由本店提存償債基金撥交新華銀行保管，每月提存金額，另行列表規定。

八、本債券採記名式，不得自由轉讓。

九、本債券分百元券千元券萬元券三種。

十、本條例自債券發行日起施行。

⑷發行書券辦法草擬如左：

生活書店發行書券章程草案

一、本店為便利郵購讀者購書起見，特發行書券。

一、本書劵概照劵面國幣金額十足計算，不計利息，
一、本書劵可向各地本店購買或定閲本外版圖書什誌，
一、本書劵發行總額弍萬元，劵面及張數分配如下：

五元劵　四百張
壹元劵　八千張
五角劵　一萬張
壹角劵　五萬張

一、本書劵由總管理處總經理經理，總務部主任副主任營業部主任組織書劵保管委員會，負責保管及發行事宜，
一、本書劵指定香港分店負責印刷，

一、本書券經總經理經理蓋章並加蓋生活書店總管理處硬印後發行。

一、本書券概不掛失。

一、本書券如經損毀至不能使用程度時，應交書券保管委員會，作廢保存。

一、本書券號碼與硬印部分如被損毀，作廢無效。

一、本章程經理事會決議後實行，如有未盡事宜，得隨時修改之。

⑤發行生活推薦書，已經採用，但尚未著成效。

2.今後工作方針案

3、資金、股息及紅利分配問題

4、修改與中華職業教育社所訂立之合同問題、

5、審查及通過新社員案、

6、如何切實領導社員小組案、

附摘滬店社員小組來信：

「本會於上月接總處通知後，當即按照臨委會第三十七次常會所通過之社員小組會組織條例正式成立，惟本會於舉行時對該條例第八條所規定之開會內容甲項之「社務報告：由組長將一月來之理事會決議提出報告之」及乙項之「社務討論：理事會提出之問題及社務進行計劃……」均以本會

從未接到理事會之任何通知，實使本會無從照辦，並因此影响小組討論内容，是以專函聲請，今後凡理事會一切決議及社務進行計劃，務請隨時撥交本會，以便社務進行也。

滬店社員小組組長會啟

7. 租用華西印刷所追認案

（附華西印刷所租用二月（七八兩月）計劃）

生產量

對開機 一架 每月可印九十令 每令八元算，計七百二十元

脚踏架 二架 每月可印二十四万 每千二元五角算，計六百元

排字部 新五號銅 每月可出六十万 每千一元六角算，計九百六十元。

共計二千二百八十元

開支

租費　每月七百五十元

薪工　每月六百五十元

伙食　每月二百八十元

雜費　每月二百元

油墨　每月三百元

共計二千一百八十元

至少每月可净一百元

8. 籌備設立印刷所問題（附計劃書）

生財

一 印刷部

對開印書機 二架 計九千元

二號脚踏機 一架 計一千二百元

三號脚踏機 一架 計八百元

切紙刀一把 計三千五百元

膠ア 一百磅 計四百元

馬達 一只 計八百元

地軸、皮帶 計七百元

鉄台 一只 計三百元

共計一萬六千七百元

二 排字部

新五號銅模一副 計一千五百元

新五號苗盤四副（二千ア） 計二千元

新五號部位二副（二千ア） 計二千元

材料、繁用字（三千ア） 計三千元

鍘刀 一把 計五十元

刨角刀 一把 計七十元

字架、木字盤、鉄手盤 計一千八百元

共計一萬另四百二十元

三、

澆字爐一部　計六百元

字盒六只　計一百四十元

鉛一千磅　計六百元

紙型機一部　計六百元

澆版機一部　計四百元

澆鉛條架一部　計五百元

打紙型鉄台一架　計三百元

刨床一只　計三百元

另件　計一百元

共計三千六百四十元

四、裝訂部

什件　計二百元

總計叁萬零玖伯陸拾元

生產量

封開機 二部 每月三百令

每令拾元 計叁千元

腳踏架 二部 每月三十萬

每千三元 計九百元

排字房 每月一百萬

每千二元伍角 計二千五百元

裝訂房（包工） 每月四百八十元

每萬二元 計九百六十元

共計七千三百六十元

職工人數及薪金

經理 月薪 八十元

工務 六十元

會計 三十元

營業 再加佣金 二十元

校對 十五元

材料兼事務 二十元

練習生 五元

老司務 二人 三十元

廚子 十五元

排字部

領工　一人　月薪五十元

拚版　三人　每人三十五元

改樣　二人　每人三十五元

採坯　八人　每人三十元

學生　三人　每人五元

共計四百八十元

鑄字部

領工　一人　月薪五十元

澆字　一人　三十五元

打紙型　一人　三十五元

學生　二人　每人五元

共計一百三十元

印刷部

領工　一人　月薪五十元

對開機　二人　每人三十五元

腳踏架　二人　每人三十五元

學生　四人　每人五元

共計二百十元

共計四十一人計日工薪水一千另九

十五元加夜工薪水六百另五
元共計一千七百元

開支

薪金　一千七百元

房租　二百元

伙食　五百七十四元

油墨　一千元

什費　三百元

裝訂房　五百七十六元

電費　一百元

共計四千四百五十元

9.南岸自建房屋問題（附建屋預算）

地點 馬家店

預算数 七千三百六十二元七角

10.重推金仲華先生之理事代表問題

議決事項

1.関于籌措整個經濟，除組織銀团借款不予採用，改為兩合公司暫緩進行及發行「生活推荐書」已經实行外，尚擬採取下列二種辦法，即：㈠發行店債，假定為二十萬元；㈡發行書券，假定為兩萬元。上項辦法之具体進行，交由常務理事會根據本會規定之原則詳細研究草擬章程進行之、又、關于本店今後工作方針：在編輯方面，除完成原有計劃外，並多出有關民主、科學、党義、學校參考、青年自修及工具方面的書籍；在生產方面：擬在內地創辦一印刷所並加强滬港兩地之生產量；在營業方面：擬緊縮內地營業據點，調整充實各分支店工作人員，並擴展海外營業，增加對華僑服務工作；在內部及管理方面：應提高工作效率、設法吸收資金並節省開支；在對外關係方面：當服從政府法令，接受當局糾正。

乙、對於本店資金十五萬元，及歷年累積未分配之股息與紅利，決定分配原則如下：

A.照社章規定應先提公積金百分之十五、捐助生活週刊創辦者中華職業教育社公益金百分之二十，社員福利基金百分之十五，股息百分之二十，及職工紅利百分之三十，惟股息不得超過年息一分，其超過之數撥歸社員福利基金，

B.職工紅利之分配應照成立以來之正式職員（包括社員，試用者不在內）歷年薪額之累積數與應分紅利總額作百分比分配之。

C.此項紅利雖經分配妥當但須待本店解散時方可提取。

D.以二十七年度底為止。

七、關于修改與中華職業教育社所訂立之合同，原則上確定改「從每年盈餘提取百分之二十」作為固定股本，數目另定，以後僅能照章領取股息，俟詳細辦法擬定後，再與中華職業教育社當局商酌更改之。

上二項辦法由徐伯昕、艾寒松、張志民三先生共同研究後擬具方案，提交常務理事會商定進行。

主席 徐伯昕

第五屆第三次理事會臨時會議

時間　廿八年八月五日上午九時

地點　學田灣總管理處

出席人　徐伯昕　鄒韜奮　沈鈞儒　李濟安　金仲華

（艾寒松代）張仲實（張錫榮代）王志莘（孫明心代）

杜重遠（黃寶珣代）甘遽園（張志民代）王太來

（星志恆代）

主席　徐伯昕

記錄　艾寒松

報告事項

1. 上次常會議程未討論各項今日繼續討論。

2. 理事王泰来来信推請莫志恒先生代表出席

討論事項

1. 審查並通过新社員案

艾寒松先生報告整理及審查新社員經過。

議决：關于審查及通過新社員問題，凡在廿八年二月廿四日新社章通過後尚未取得社員資格者，概依照新社章辦理。

2. 如何切实領導社員小組案

議决：關于領導社員小組問題，以目前環境特殊，領導方式容有變更，詳細辦法交由常務理事會研究擬定施行。惟須依照下列原則：

A.每地以成立一組，人數無限制，

B.不必拘泥於開會形式，時間亦得視實際需要而定。

3.追認華西印刷所租用二月計劃案

議決：通過

4.建立印刷所計劃案、

議決：詳細辦法交由常務理事會草擬進行，

5.擬在南岸自建房屋案

議決：應造間數及造價照原預稱減半，即造價以三千元為限度，詳細辦法，交由常務理事會研究核定。

6. 理事金仲華代表重推案

議決：金仲華先生之理事代表原為艾寒松先生，現艾先生因公離渝，由本會向金仲華先生推荐孫明心先生為代表，經金先生同意後決定之。王志華先生之代表，通知原人重推之。

主席 徐伯昕

第五屆理事會第四次常會記錄

時間 二十八年十二月八日下午三時

地点 學田塆總管理處

出席人 杜重遠（黄[illegible]代） 李濟安

沈鈞儒 王志莘（[illegible]代） 甘蘧園（[illegible]代）

胡愈之（張錫榮代） 韜奮

徐伯昕 張仲實（邵公文代）

金仲華（孫明心代）

主席 徐伯昕

紀錄 孫明心

報告事項

主席報告：

一、理事金仲華先生原推艾逖生先生為代表，茲因艾先生離渝赴滬，由金先生來信改推孫明心先生為出席代表。

二、理事王志莘先生缺席。

三、理事胡愈之先生原推畢雲程先生為代表，茲因畢先生臨時有約，不能出席，改請孫錫榮先生為代表。

四、卅六年七月至十月份各分店營業概況

七月至十月營業總額約計為三八四，六〇六·四四元。

五、卅六年七月至十月份各分店開支概況

七月至十月開支總額約計為一一二、〇一七、三二元。

六、廿八年第三季渝字編審委員會出版計劃完成狀況

冊數：計劃出版　六四冊　結果完成　三四冊

字數：計劃出版　一八四七、〇〇〇字　結果完成　九四四、九〇〇字

七、廿八年第三季生產統計

新排者：暢銷書　一一種　九五、〇〇〇冊

常銷書　九種　六八、二〇〇冊

滯銷書　二種　三、五〇〇冊

雜誌　一〇種　四二一、五〇〇冊

重版者：暢銷書　二種　二七二、〇〇〇冊

常銷書　一種　二〇，〇〇〇冊

八、關於最近經濟狀況及調度方面：

1. 舊欠新華銀行借款二萬元，息四千餘元，勸工借款三千元，吟記借款二萬元，均須於本年底準備歸還；

2. 關於店債之發行，因事實上甚感困難，決定暫緩；

3. 向銀行進行借款事，經鄒總經理與徐經理數度奔走接洽，已承交通銀行允許透借十萬元，該項借款以本店所有版權紙型及存貨作為抵押，限定四年歸清；

4. 本店與新華銀行合作儲備印刷原料品，業經進行，各半投資，共值國幣四千元；

5、原有存纸向中国银行押款，最近已提高押额，办妥手续；

6、昆明存纸，正在接洽出售；

7、生活旅唐书店原有发货款均归本店，计算目前成本亏损太大，经营业务会议决定，停收发约；

8、卡车一辆，业已出让，售价国币壹万壹千三百元。

九、本店共年份以后之全部帐目，因战时迁动无定，尚未送交会计师检查。最近要与潘序伦会计师接洽妥当，委托重庆立信会计师事务所查核。

十、本版书成本提高，已从十一月一日起改订新定价发货，加价标准约照原价加五成左右。

十一、華西印刷所租用期滿，已告結束，自七月一日至十月十五日營業三個半月，結算帳目，獲得純益一百六十四元八角六分（附表另呈）。

十二、關於最近組織機構方面：

1、香港編審分會自張明養先生離港後，因人數不足，未予成立，最近艾逖生先生調往上海，將來擬將香港編審分會移併於上海；

2、關於領導社員小組問題，已經常務理事會擬定適應於特殊環境之辦法，通知各分店每地成立一組，不拘於形式；

3、本店全體工作人員一月份統計共有二百零四人，在此十一個月中除去故世者六人及一部份離職外，目前已增至二百九十人，內中在外編審委員七人，請員假者十四人。

鄒總經理報告：

此次理事會前，店徐伯昕先生向銀行接洽借款，夙夜籌劃，往返磋商，備嘗辛苦，現在接洽成功，本會全體理事代表全店全人向徐先生謹致懇謝之忱。至於此次借到款項，今後必須審慎周詳，鄭重運用。

討論事項及決議案

一、準社員曹建章、濮光達、雷錦存、設青壽、邵保恒、貢季平、戴佐鈞、楊廣福、方鈞、張文星、劉靜波、張世壽、閔振林、錢小柏、姚廣元、蘇昌白、王信恒、王煥洪、畢青、馮一予、龔佑泉、徐士林、雷瑞林、范金元、周遇春、楊玉照、鍾達、胡蘇、包士俊、汪允安、葛志淳、沈志遠、柳湜、張知辛、諸國鈞等[illegible]人，經人事委員會審查完後，提交本會再予審查通過案。（本案經人事委員會主席鄒韜奮先生加以說明：當人事委員會審查新社員資格時，除須符合社章中所規定之服務期限及年齡外，並根據各人之「工作優良」「對店忠實」「思想純正」「私生活嚴肅」四個原則審查決定之）

決議

曹建章、濮光達、盧錦存、談季寬、邵保恆、貢孝平、戴伯鈞、楊廣福、方鈞、張文星、劉靜波、孫世秀、閻樸林、錢小柏、姚廣元、蘇昌白、王信恆、王煥洪、畢青、馮一予、龔源泉、徐士林、雷瑞林、薛金元、周過考、楊玉照、鍾達、胡蘇、包士俊、汪允安、葛志淳、沈志遠、柳選、張知本、張國鈞等五人任合作出席理事，一致通過為正式社員，自廿八年十一月份起照收社費。

六、建立新印刷所以輔助出版案：

1、在重慶方面，本店擬與新華銀行合資籌設一印刷所，除雙方各自投資貳萬元外，並向其他方面另籌貳萬元，湊足資本總額為陸萬元。董事會擬設董事五席，由本店及新華各推二人為代表，此外一人由外股推派。將來經理人選擬由本店推薦，會計主任擬由新華推派。印刷所名稱及章程等由董事會草擬決定；

2、在桂林方面，本店擬與三户圖書印刷社合作經營，估計該社原有机器生财约值五万元，此外另需筹措流动金约二万元。全部机器及生财清单可在本年底检点具造，将来营业方面俟先接印本店及三联书社书刊，余力则为各文化团体服务。经理、会计及全体职工由本店抽派任用；

3、云南区管理处主任诸祖荣先生来信报告，有邵阳印刷所拟全部出盘，可由本店与新知书店、联合文化供应社三家投资合办。本店约需投资四千元，但该印刷所仅有对开机一架，将来接盘后似需添置机件，予以扩充。

决议 1、原则通过。具体合作办法及营业计划，另行拟订，并推定张志民、张锡荣两同事为本店代表，出店董事會，印刷所名称交由董事会議决之；

又、原则通過，推定徐伯昕先生為簽約代表人，其他合作办法及营业计划另行拟订；

3、本店资力有限，且在桂林方面已與三户印刷社接洽在先，故对於邵陽印刷所决定不接受。

三、関於本社十五萬元資金分配案

決議　通過常務理事會第三次會議所通過之分配草案，惟第一条股息部份，应根据新旧社章之差别，照法律规定重行考虑后，再行召開理事、人事、监察联席會議讨論决定，然后再付社员代表大會通過之。

四、修改社章及筹备下届選擧案

讨论意见：

1、依社章规定代表大會每年一次，监、理、人事委员会由大會产生，任期各為一年。本届监、理、人事委员任期将於明年三月终了，因此有先期筹备改選之必要。

2、本社管理採取民主集中制，在业务方面最高执行机構為理事會，在人事方面最高执行机構為人事委员會。组織上两個最高机構獨立並行，而实際上业务與人事密切相關，因此遇有重要问题需要急迫处理時，往往感到缺乏一个最高的集權机構。至於监察委员會職權，在一般团体组後由,往往是僅限於財政之審核,而在本社則可隨時彈劾理事會或人事委員會之處理失當事件,這樣,監委会又好似一種最高的机構。可是理事、人事、監察委員同樣由大會選出,而且監委會提出糾正仍須提交代表大會執行,如此在組織機構與職權上亦欠明確妥當。何如由理、人、監委会推選代表組成聯席会議決定一切,似乎最合於民主集權的運用,但先決條件非將社章先予修改不可。

3、在籌備下屆選舉期間,為充分發揮民主精神起見,應將現有社章分發各地社員,俾得充分發表意見,將來彙集後作為修改之參考。惟在此特殊環境之下,容許條件是否允许此種做法而不發生無謂之誤会，是否予以考虑。倘認為原則是必需此種做法，而又此時確實限於環境之不可能，則須予以解釋說明。

4、依照目前環境與交通情形，如欲各店按照代表定期開會，但為事實上不可能，因此，代表大會之期或須展緩。至於選舉則仍以通信辦法舉行之。

5、本社理事、人事、監察委員會既有立法及執行檢舉之機構，如當選委員按照代表出席會議，是否妥當？此点值得討論。因為當選委員是多數社員所選舉之代表，而當選委員自薦之代表，則為代表的代表，其意義及作用否不合之處。

6、對於下屆選舉，事先應擬定候選人名單，以供競選。名單或由理事會提出，或由社員提出，交下屆理事會決定，此項提名手續應再予以討論。

決議

修改社章及召開代表大會因路線遙遠有許多困難，決定暫緩。惟下屆改選，仍應進行，指定張仲實（鄒公文代）、胡愈之（張錫昌代）、金仲華（柳湜代）三位理事籌備，並草擬辦法，提交下次理事會討論。

關於實施二十八年度工作計劃之報告及檢討

一、関於社務部份者

1、調製社員名册，發給社員證。

此項工作原可依照計划實施，惟限於一年来環境的限制，不得暫緩製發。

2、釐訂社員資格，審查標準。

此項工作已由人委会擬定四項原則，作為審查標準，即：一、要工作優良；二、要對店忠實；三、要思想純正；四、要私生活嚴肅。

3、釐訂組織系統大綱及理、人、監各委員會辦事細則。

此項工作已分别擬訂組織系統及辦事細則，並開過理事會三次，常務理事會四次，監察委員會一次，人事委員會十八次。

4、成立經濟研究委員會，籌劃流動資金，暫定二十萬元。

此項亦係因周轉經濟調度，且為數相當鉅大，故進行比較困難，但經過最大之努力，向各方面進行接洽，始於最近得到王志莘理事之贊助，由交通銀行，商得借款十萬元作為書店流動資金；此外並得新華銀行合作，籌措四萬元作為建立印刷所。

5、擴充幹部，訓練幹部，舉辦研究會。

此項係因同人分散各地，故且均忙於日常工作，未能依照原定計劃進行，惟最近已先在渝店成立工作技術講座，並正在着手擬訂實驗分店實施大綱，擬於明年起在渝店試行實驗。

6、充實並擬訂社員福利各項詳細辦法。

此項工作已由人委會將原有關於個人福利規章，重加修改補充，並另訂各項新辦法。

7. 整理訂定職工薪給標準及加薪辦法。

此項工作已由人委會修正訂定，並試行戰時春季津貼等項辦法，最近正在徵求全體個人意見，擬具澈底調整辦法。

8. 修正服務規約。

此項工作已由人事委員會修正服務規約，通過施行。

9. 嚴格考績，訂定工作紀律及懲獎辦法。

此項工作已在人事委員會修正之服務規約內附及之。

10. 舉行工作競賽與獎勵辦法。

此项工作仅能做到一部份奖励事项，工作竞赛则尚未做到。

11、实行巡迴检查制度。

此项工作曾经草拟方案，有待讨论通过后施行。

六、关于营业部份者

A、生产方面：

1、计划在重庆、桂林、上海三处造货，并拟定各区生产额，以

原定计划如下：

A、高级读物	一四种	二二六〇，〇〇〇字
B、中级读物	三九种	一四八〇，〇〇〇字
C、时事读物	三四种	一五二〇，〇〇〇字
D、工具书	一四种	八〇〇，〇〇〇字
E、通俗读物	五六种	一四三〇，〇〇〇字

此项分区造货工作计划，早在桂行，亦并在香港方面增设造货据点。

现在计算自一月至十一月止，实际做到如下：

A、高级读物　一一种　一八六一，〇〇〇字

B、中级读物　二六种　一八七七，六〇〇字

C、时事读物　九种　六九一，〇〇〇字

D、工具书　三种　二一九，〇〇〇字

E、通俗读物　一二一种　七〇五，〇〇〇字

2. 定期刊物除已出之「全抗」「世知」「妇生」「文阵」「读书」「战教」「现实」等七种外，现尚有再陆续出版下列各种：

A、通俗读物　B、抗战画报　C、儿童刊物　D、少年刊物

此项原计划除A种「通俗读物」已出「全抗通俗版」十八期（每期最多印八千份，现印三千份）外，其余三种未照计划做到。

究其原因，實在，限於資金不足之、印刷困難及人力不夠所致。

3、已出版之書籍，全部加以審查，分成暢銷書、次銷書、滯銷書、絕版書四類，除絕版書（一百五十四種）暫停印行外，其他各類照下列數量陸續予以再版發行：

A、暢銷書　五一種　一〇〇，〇〇〇冊

B、次銷書　一一五種　一二〇，〇〇〇冊

C、滯銷書　一二九種　八〇，〇〇〇冊

此項工作，關於審查方面，因樣書不齊及編審委員時間關係，僅能做到一部份；至於再版書數量，因資金不足之印刷困難，祇做到以下結果：

A、暢銷書　四八種　六七五，〇〇〇冊

B、次銷書　三五種　一三四，〇〇〇冊

C. 滯銷書 一〇種 三四，〇〇〇冊

D. 停售書 五種 二四，五〇〇冊

4. 已出版之叢書，依其性質合併，重行編目，在重版時改正出版。

此項工作已在實行。

5. 完成小規模之資料室。

此項工作今年開始做起，惟以目前交通困難，應備書籍好多不易辦到，故規模不大。此外因陪市常受轟炸危險，未敢大量購置，亦係原因之一。惟目前已在重行整理以冀漸求充實。

6. 派員學習造紙以三千至五千元資本試辦小規模造紙廠。

此項工作限於人材及資金一時無餘力顧到，故未照計划實現。

7、以一萬至一萬五千元资金，籌设一小规模印刷廠，專印重版書。

此项工作最近已决定在重庆投资二萬元，桂林投资一萬元，分建印刷所。

8、编订各种单行本版次及歷年印数统计。

此项工作已由生产部正在编制。

9、编制各种書刊成本计算表。

此项工作尚未实行。

10、拟订各区选货分配明细表

此项工作尚在计划中，明年起可以实行。

B、营业方面：

1、本年度营业额希望增加一百万元，内本版书估六十万元，代经估十五万元，外版估二十五万元。

本年度营业额上期估计：本版六八五，三二一·五四元，外版二四五，二二九·三四元，代经六五，五六·五四元。合计五九三，○六七·四四元。下期估至十月停止，本版、外版、代经共约三八六，一五四·六二元。

2、开展战地及沦陷区文化供应工作，除原有东南区——香港、上海、温州、金华、丽水、於潜、吉安、南城、南平、福州等；西南区——桂林、柳州、梧州、南宁、桂平、百色、沅陵、衡阳、零陵、常德、曲江等；

華西區—重慶、成都、樂山、萬縣、宜昌、立煌、貴陽等；西北區—西安、南鄭、蘭州、天水等共三十二處外，擬照下列地點陸續增設十三個據點：

A、東南區—汕頭、新加坡、海防、屯溪、贛州、梅縣、廣州灣；

B、西南區—邵陽、玉林；

C、華西區—襄樊、康定、敘府；

D、西北區—長治、洛陽、迪化、宜川。

關於增設分店，以與廣植前後方及敵後、海外之文化供應工作，佈點為本店最重要之計劃，始終盡其最大之努力。惟在此一二年中，遭遇環境之重重壓迫，以及一部份因戰局轉移或其他種種困難所限制，截至目前能实现计划者仅有新加坡、梅县、广州湾、玉林、宜川等五处；计划设立而限于客观条件未能实现者，计有海防、汕头、邵陽、襄樊、康定、叙府、岳州、洛陽、迪化等九处；至于原来已有及本年度设立而因故结束者，计有：金华、丽水、於潜、吉安、南城、南宁、桂平、福州、百色、沅陵、常德、乐山、万县、宜昌、南郑、天水、屯溪、赣州、零陵等十九处。现在共有二十处，分区如下：

A、東南区——上海、香港、广州湾、新加坡、昆明；

B、西南区——桂林、柳州、梧州、玉林、衡陽、曲江、梅县、泾县；

C、華西区——重庆、成都、贵陽、西安、兰州、宜川、立煌。

3、举办各省区流动供应工作

此项计划原拟注重于开展敌后文化工作，但以地方环境、交通运输、印刷材料及人事等等困难，未能尽量做到。曾经达到者有：浙江省内之於潜、天目山；安徽省内之屯溪、泾县；广西省内之平乐、八步、贺县、那坡；广东省内之四会、罗定；重庆近郊之弹子石、南温泉、黄葛垭等处。

4、增进同业间连系，并广设特约分销处。

此项工作虽曾予以注意，但成效殊嫌不够，究其原因，由于运输困难、存货不足及批发缺乏主动推进、推广不甚注意等等，至於期刊寄湊，較帳嚴格限制，並為間接感到困難之処。

六、本版各雜誌希望每期增加至下列銷數：

A、全民抗戰 三萬份

B、世界知識 二萬份

C、婦女生活 一萬份

D、文藝陣地 一萬五千份

E、讀書月報 一萬五千份

F、戰時教育 六千份

G、理論与現實 一萬份

現將各雜誌實際印數統計如下：

	最高額	最低額
A、全民抗戰	一六，三〇〇份	八，五〇〇份
B、世界知識	一七，〇〇〇份	八，二〇〇份
C、婦女生活	九，一〇〇份	四，〇〇〇份
D、文藝陣地	一二，四〇〇份	九，五〇〇份
E、讀書月報	一四，〇〇〇份	九，二〇〇份
F、戰時教育	六，一〇〇份	二，七〇〇份

5 理论与现实 一〇，三〇〇份 八，三〇〇份

6、扩充邮购户，发行书券，恢复银行免费汇款储书办法。

扩充邮购户尚未尽量做到，但自设立读者顾问部后，将来正拟设法推广；书券已在上海印制，不久即可发行；委托银行免费汇款尚无接洽。

7、外版书之内容正确丰富者，仍尽量争取由本店代为总经售，此项工作限于交通困难及发行工作人力不够，只能做到一部份，最近如中苏文化已由本店总经售。

8、自备卡车一二辆，经常往来于滇、桂、渝、陕段运输书籍

此项计划曾经做到自备卡车一辆，准备经常运货，但以港、滇来货

零星店务，极少趸批，桂林方面未能大量进货，而陕店营业又遭遇意外打击，因此不常应用。最近为调剂资金着想，决定将卡车售让。

9、教科书应设法普遍推行至各学校採用。

此项工作原可照预定计划进行，惟因环境不许可，只得暂缓。

10、按月编制全国抗战书报联合广告。

此项工作上年在重庆曾经做过，自"五四"轰炸以后，有一时期因报纸改出联合刊，减少广告地位，而全市中又大部存货缺乏，不急需刊登广告，因此下半年未能继续刊登。

11、统一各店门市布置与图书分類

此項工作已有一部份分店照做，惟因分類目錄久未印出，並以書類缺貨太多，一時難於做到各店完全統一。

12、每三月編印新書目錄一次，

目錄排印困難，且因書類有改動，定價未確定，故不能如期印出。現在已在上海排設，不久可印發，在重慶方面從九月起每月編印新書彙報，分發華西區各店，香港方面亦隨時有推廣品印發。

三、總務方面：

1、調製各店職工名冊，製發職工證及徽章，

此項工作已由總務部照辦。

2. 擬定分支店管理系統及辦事規程

此項工作已由業務會議擬訂各種規程，並經人事委員會通過施行。

3. 擬訂區管理委組織大綱及辦事細則

此項工作業已擬就草案，正待提交討論通過。

4. 編製本年度預算書。

此項工作已由會計部具造。

5. 擬訂會計規程及改革會計制度

此項工作正在着手擬具。

6. 嚴格執行經常獎懲登記，每三月覆考績一次及調查工作及生活状况。

此项工作已由人委会拟定原则，交由总务部经常考察办理。

7、调整和补充各店工作人员。

此项工作已于今春起次第调整，统计去年底全体工作人员共有二〇四人，截至最近已达二六九人，计增加六五人。

8、各店设立休息室

总处及渝店已有设立，其他分店尚待推行。

9、集中供应分店文具印刷用品

此项工作尚未实行。

10、编造分店生财总册

此項工作已通知各分店具造抄報。

三、辦理同人零存整付儲金

零存整付儲金試行後感到當有困難，遂即中止，現在僅有整存整存。

四、服務方面：

1、開展戰地文化服務工作，

此項工作因主觀與客觀環境均有不少困難，未能開展，故最近在山西方面已與第二戰區文化會商討合作辦法，先從西北方面推進工作。

2、成立讀者顧問部，發行「生活指導書」。

读者顾问部已于四月份成立，发行生活推荐书刊，收到预约户在一千五百左右，惟最近出版困难，亏损太钜，暂行停止发行。

三、设立文化工作问讯处

此项工作曾经拟具各种表格及信函，寄发各大中学校、民教馆、文化界、著作家、读者、前方各部队兵站医院等征询调查，此外并答覆询问函件，共计约一千四百余件。关于文化工作方面之指导调查，亦颇有相当成效，但因整个环境不好，无法依照计划推行。

四、各店设置读者阅览坐位。

此项设备最近在渝店已有实行，其他分处尚未普遍设置。

5、实行海外服务部

此项工作未照计划进行，将来拟由星洲分店开始试办。

6、实行伤兵文化服务工作。

此项工作曾由全抗社编行「全抗通俗版」，发动向国内外各界捐款订赠，成绩极佳。

7、实行出版服务工作。

此项工作曾经代为印刷「广西学生军」「战地知识」及三户出版社各种书，惟限于人力，未能扩大进行。

総结检讨

從事任何事業，欲求組織机構的健全和工作效率的增進，第一須有正確的認識，和詳密的計劃，然後運用科學管理方法以處理之。本店二十八年度工作計劃之擬訂，其目的即在於此。不過在第一年開始試驗，一由於缺乏過去的各項詳確完備的統計材料作為正確標準，再由於這一年來遭受意外的環境壓迫，因此我們雖已竭盡其能，全力以赴，但是以實施的結果與原定計劃比照，還是相差得很遠。現在將全部工作整理於壹之下，特以重要各点分條提出，俾得擬具下年度新計劃時加以特別注意。

六、關於社務方面

1、關於組織系統及各項辦事細則，現在雖已各有擬訂，但以後必須再予慎重修订，俾得更求完善。關於組織機構方面，亦拟在下届改选前提出讨论，務求益臻於健全集中。

2. 關於經濟問題，最近已獲得解決办法，但今後必須組織經濟研究委員会或其他類似性質之会議，俾得集思廣益，[illegible]用，做到增加生產，靈活流轉為實效。

3. 關於工作人員方面，今後必須注意到技術水準的提高，俾得每個同人对於所負工作都能勝任愉快，而且得到良好的效果。此点除注意於原有同人的加強学習和加緊訓練，俾求獲得力幹部外，以後对於新進人員，尤須注意到質的提高。

4. 關於同人之薪給標準及各項福利規章，以後當在整個店的經濟能力可能負担條件之下，尽量求其调整提高，这样不僅是減少个人生活上的困难，而且亦可获得工作上的更高效果。

5、關於巡迴制度的實施，在目前分店散佈各地，对社務及業務上各種問題甚多隔膜的情况之下，明年起必須求其實現，藉此增強總分店的聯繫。

支 B、關於生產方面

1、關於造貨中心，本年度因印刷條件困難，有許多應該再版的書籍無法印造，这是一個嚴重的缺陷。其中經濟的支绌和運輸的困難當然也是重大原因。下年度決定在重慶、桂林，自建印刷所，增加生產力量。東南区方面仍以上海為主要中心，儘量供給。

2、關於暢銷和常銷書籍，下年度必須做到有計划的盡量再版補充。僅有一副紙型的暢銷和常銷書，必須另在上海重版多打紙型，以便將来分區再版，補救印刷遲緩及運輸延擱等等缺点。

3、下年度起印造書刊，務須做到迅速準期，勿使積壓，而且今时要顾到减少錯误，避免损失。

4、關於造货统计、成本計算、造货地点分配等等，本年度未能做到完全正確週到，下年度起務須做到詳確適當，俾理井然。

5、關於下年度收稿出書計划，為配合营业上的急迫需要，首須注意到多出中级读物（如青年自学丛书之类）、社会科学入门书（如经济学初步之类）、工具书（如词典之类）；次要的选出文艺书、学术书及其他。

6、杂志方面除维持原有的「全民」「世知」「妇生」「文阵」「读书」「战教」「理实」「全抗通俗版」等八种外，下年度并将「国民公论」改为本店发行。此外再拟刊行「时代科学」及少年阅读刊物各一种。

7、关于资料室的设备，下年度起依照研究预算，有计划的储置充实，并指定专人负责管理。

C、关于营业方面

1、本年度营业总额预计二百万元，内中本版书六十万元，估总额百分之六

十、本版获得十五万元，佔总额百分之十五，比较原可达到，或竟超过预称，祇因一年来遭遇环境不好，分店收束多处，因此稍受影响。此外则以海区印造新书不能迅速运到内地，一部分期刊不能准期出版，畅销书无法多量印造补充，亦为减少营业的重大原因。下年度必须注意到新书分区印造，就近供应，运输设立分站，专人负责，期刊准时出版，并充实内容。至于分店业务经营及工作方面，应当力求改进，并须充实干部，负责推行。

乙、本年度外版营业额预称二十五万元，佔总额百分之二十五，现在约计比较大可超过，当然为可喜之现象。不过究其超过原因，也可作如下的估计：一、本年度分店外版进货，除香港、新加坡、两处由总店办发外，其余大部份分店均在当地进货，而且以开明出版物估最多。但如有充分的资金，使内地分店都可从上海办到外版，则估计外版销货总额决不仅止于此；二、外版销货额的超过预算，也是说明了本店出版物甚至各家出版的好书过于缺乏，因此使读者不得不选择比较适合於自己阅读者去购买，因而造成外版销货额的额高；三、根据上述两点，在此可以得到一个结论，就是：我们为了看到外版书的畅销，今后更须注意到本版书的大量供给；外版书的多备并不影响到本版销货的减少，实且已是可以提高本版书的销数。在可能拨出一笔外版进货的资金下，今后外版销货额一定还可增加起来。

5、关于同行批发往来，本年度尚未注意到有计划的积极推动。下年度应该拟具计划大纲，使得各店批发课适应地方情形，加强推进。并且需要经常的与全行取得联系，使得代销广普遍到各地。如浙东、新疆、山西各方面更须特别致力。

6、关于推广工作，本年度尚乏一种完全的本版书目印出，在营业上受到许多不便。以后必须不使间断，并随时多印，可供推广品分发。对于邮购储广、读者完广，须向部登记读者，亦须经常有推广办法。

5、「戰時讀本」及「抗戰建國讀本」兩種教科書原可大量推廣，可是因為環境限制，感到許多困難，宜在備貨與推銷方面也不易和偏重於做教科書的同業互相競爭。今後我們應該編出中學或專門學校適用的外國語文讀本之類，這樣比較容易推廣，宜在營業上也多利益。

D、關於總務方面

1、本年度各分店對於總處通告施行之各事規程，還不能完全照做，下半年度應予調整人事，注意施行，比如店務會議之記錄等等，必須做到準期報告，藉供總處經常明瞭實情，研求改進。

2、应整理变更后各个支办事细则，下年度须拟订施行。

3、拟订会计规程，为健全会计制度的先决条件，下年度务须着手拟订，早日施行。

4、关于各店人事支配，本年度已有不少调整，最近已将不急要的分支店办理结束，下年度更须集中人力，使得每一家分店人事分配适宜，提高工作效率。

三、关于服务方面

1、服务部原来的工作计划，是以举办战地文化服务，设立文化工作问讯处，举办海外华侨服务三项为主要任务。但自成立以后，为了主观和客观上的许多困难，使所做到设立文化工作问讯处的一项工作，此外虽也曾经作了一些救济难民、慰问伤兵、下乡宣传等等服务工作，但与原来计划相差很远。为了工作进行的困难，最近将服务部暂时取消，待到将来需要时重行恢复。

2、读者顾问部的工作原是属于服务性质的，现在从新确定这部门的服务工作，并决定从这方面有计划的求其向前发展。

主席

徐伯昕

第五屆理事會第廿四次臨時常會記錄

日期　二十八年十二月二十八日下午

地點　學田灣振愛

出席者　沈鈞儒　鄒韜奮　徐伯昕
杜重遠（黃洛峰代）　李濟生
甘蘧園（張志民代）　王太來（莫志恆代）
胡愈之（張錫榮代）　金仲華（孫明心代）
張仲實（邵公文代）

主席　徐伯昕

記錄　孫明心

討論及決議事項

一、準社員馬斌元、孫濟人、趙志成、陳樹南、王仁甫、車錦順、陳幼青、吳俊之、蘇尹銓、許季良、馮霜楠、賀承先、王彥元、金世祿、張國祥、許彥生、蘇會鎮、胡繩、康廣譚等十九人經人事委員會審查完竣，提交本會再予審查通過為正式社員案

決議

馬斌元、孫濟人、趙志成、陳樹南、王仁甫、車錦順、陳幼青、吳俊之、蘇尹銓、許季良、馮霜楠、賀承先、王彥元、金世祿、張國祥、許彥生、蘇會鎮、胡繩、康廣譚等十九人經出席理事一致通過為正式社員、

從元年一月份起照加社費。

二、審備下屆理事、人事、監察委員會改選事務及規定候選人應具備如何條件案

決議

A、規定候選人應具備的條件如下：

理事：

1、爲社會重望而熱心本店文化事業者；

2、工作成績特別優良能起模範作用者；

3、對社的事業有積極貢獻者；

4、得同人信仰者。

5、富於設計能力者；

人事委員：1、工作成績特別優良能起模範作用者；

2、對社的事業有積極貢獻者；

3、處事態度公正無私者；

4、熱心同人教育工作者；

5、得同人信仰者。

監察委員：1、工作成績特別優良能起模範作用者；

2、對社的事業有積極貢獻者；

3、處事態度公正無私者；

4、熟悉會計者；

5、得同人信仰者。

（附注）在理事的五项条件中，如在店内工作者，不限定具备第二项。

五、在开始筹备改选期间，先由理人、监委会共推代表五人（理事会、人委会各二席，监委会一席），但候提名委员会，提名委员会拟定名单以后，召开理事、人事、监察各委员联席会议审查讨论，作最后决定。

六、候选人名额决定提出三十六人，内中理事十七人，人事委员十四人，监察委员五人。提出候选人时，以顾到过去年期及有关规定各条件为原则。

D、確定候選人名單後，印以候選人之年齡、職務、經歷等等加以簡短扼要之說明，作為介紹。候選人名單連同全體社員名單及選舉票同時發出，以便外埠社員討論填選。

E、理事會推定張仲實（鄒公文代）金仲華（孫明心代）列席參加提名委員會，提名委員會擬定候選名單後，決定在一月十日召開理事、人事、監察委員聯席會議討論。

F、選舉票及名單預定在本年一月十五日發出，二月二十日截止收票，二十四日開票揭曉。

主席

生活出版合作社

第五届理事会会议记录（三）

第五屆理事會會議記錄（三）

第五屆理事會第五次常會記錄

日期 二十九年一月十日

地点 学田塆[illegible]

出席者 胡愈之 沈鈞儒 張仲實 [illegible]代

甘蘧園 張志讓代 李濟安

王志莘 [illegible]代 杜重遠 黃[illegible]代

王太来（[illegible]代） 彭[illegible] 徐伯[illegible]

金仲華（[illegible]代）

主席 徐伯昕

記錄 [illegible]

主席報告（畧）

一、討論及決議事項

一、擬訂光年度工作計劃大綱問題

實施本年度計划時，必須注意下列各點：

1、重視各分店營業的地方性，使得加強分店的獨自發展；

2、對於業務上的經濟調度、人事支配等等，應提高負責人職權，加重其責任；

3、對於營業及人事方面，應採取集體領導、個人負責為原則；

4、對於有關人事方面各項工作計劃之進行及負責人職權之规定，均未根据集体领导个人负责之原则，交由人委会研究讨论；

5、关于社员缴纳社费，发给储金凭证；

6、对各分店拟採每一单位指定一社务联络员，藉以加强社务教育；

7、本年度注意造货调整，尽量做到「重四、新三、旧三」分配办法。

决议：关于本年度工作计划大纲照原则通过，惟须再行补充，並交各部科另订细则後再付讨论。

二、研究社员资格问题

決議

1、凡社員（名譽社員例外）經本店以契約規定在其請假後在外工作，而其工作性質仍與本社事業健康保持密切關係者得繼續為本社社員；

2、凡社員（名譽社員例外）假期已滿，失去契約時效而不再續假或被辭者，作出社論，取消其社員資格；

3、凡社員（名譽社員例外）請假後在外另有工作，而其工作與本店事業並無關係者，作出社論，取消其社員資格；

4、社員吳全衡另有工作，辭職他去；傅東華自動請求出社；王錦雲、殷立文、畢青華假期已滿，失去契同時致函不再復信[?]，且已在外另有其他工作，均作出社論，取消社員資格。

三、指定下屆選舉票保管人及改定投票截止日期

決議　1、指定邵公文、孫明心、孫錫榮三人為選舉票保管人；

2、投票截止期改至本年二月二十九日為止。

四、投資邵陽印刷所問題

決議

關於投資邵陽印刷所問題，因西南區管理處尚未接總處通知前早已付出定銀壹千元，不及收回，故決定三項辦法：(1)另覓接替，讓渡

投資；(二)作為預付印刷費，逐漸扣回；(三)萬一無法收回，作為投資虧
千元。通知西南區管理處斟酌情形辦理。

五、擬定明年度收支預算以作調整工薪水準備問題

決議：明年度預算營業總額一百三十二萬元，除去進貨、運貨成本外，預計毛利約貳萬四千元。毛利中提存盈餘貳萬元之外，擬以拾叁萬元用作同人工薪工，壹萬元作為其他開支。約計全部開支佔營業總額百分之二十，薪工佔開支數百分之四十七，此不過為原則上的假定比數，僅可作為調整本屆工薪水時的大概參考而已。

主席　徐伯昕

理事會第六次常會記錄

日期　二十九年三月十四日下午十一時半

地点　揔管理處

出席者　沈鈞儒　韜奮　徐伯昕

甘蘧園　金仲華（孫明心代）

張仲實（邵公文代）　李濟安

王太來（黃洛峰代）　胡愈之（張錫榮代）

杜重遠（黃寶珣代）

主席　徐伯昕

記錄　孫明心

報告事項

一、分析目前時局環境，本店應審慎今後的工作方針，一切以「保全事業，減少犧牲」為原則。

二、根據上面所說的原則，對於本年度工作計劃大綱草案應有下列幾点變動：

A、總的方針

1、重擬預算，緊縮開支；

2、業務機構儘量做到簡單化；

3、提高區管理處及分店經理的職權。

B、生產方面

1、新書字數擬減縮到五百萬字；

2、雜誌字數擬減縮到三百七十萬字；

3、重版書字數擬減縮到七百五十萬字；

4、雜誌另行劃分，由各刊社獨立發行。

C、營業方面

1、營業收入較少的辦事處一律結束；

2、將現有的十三處分店集中力量，加強業務機構；

3、本年度因分店減少，營業預計額擬減為二百零六萬元。

三、二十七年度帐目已经委托立信会计师事务所驻渝查帐员查核竣事，廿八年度决算未齐，拟缓日连同廿六年度帐目一并交由上海立信会计师事务所查核。

四、廿八年度营业收入及开支情形

销货总额（包括本、外版、杂志及文具）

国币八十万零七百三十元零五分

港币八万五千七百五十七元六角五分

叻币八千九百十三元四角五分

开支总额

國幣　弍拾壹萬五千八百八十四元七角三分

港幣　一萬九千五百十六元一角八分

叻幣　三千零七十二元八角七分

損益結算

純損國幣　三萬三千五百十七元九角八分

純益港幣　三千四百四十八元四角四分

純益叻幣　七百四十四元五角五分

以上結算數字未能正確，因爲廿六年度柳州、南寧、貴陽、西安、金華、麗水等處決算報告書尚未寄到，所以須待彙齊核結後纔能完全正確。關於銷貨項下届將本版書、雜誌、外版書、文具分列計算，以資符彙齊決算時詳細製具報告。

五、關於印刷所合作情形

A、三一印刷所合作契約早已簽訂，正待派人接管；

B、建中印刷所已開過董事會，並於一月十五日起正式開工；

C、桂林國民印刷所由本店投資四千元，決定先行試辦半年。

討論及決議事項

一、關於雜誌改為獨立發行事項

決議：原則通過。

二、關於甄別新社員事項

決議：近來發覺同人中有對於本店事業認識不夠，甚至妨碍到本店業務安全者，因此考慮到今後對於新社員的通過，必須嚴格甄別，寧缺毋濫。甄別時除服務年期及年齡兩項仍照社章規定外，對於原定的「工作優良」「對店忠實」「思想純正」「私生活嚴肅」等四項標準，必須在審查甄別時更加嚴格周詳，慎重通過。至於已經通過的舊社員，也須經常注意到教育工作。

三、本届改選定期事項

決議：本届改選原定於二月底截止投票，但因外埠交通不便，尚有一部份選舉票未寄到，因此決定展期至三月二十日為截止期。留渝社员在二十日下午七時召開大會，進行選舉，並於同時開票揭曉。

四、考慮總經理、經理工薪給事項

決議：鄒、徐兩先生現在所支領的工薪額，是在數年以前所核定。目前確有重加考慮之必要。茲決定鄒總經理、徐經理的工薪額，各改支為二百八十元，本年一、二月份工薪亦應予補足。

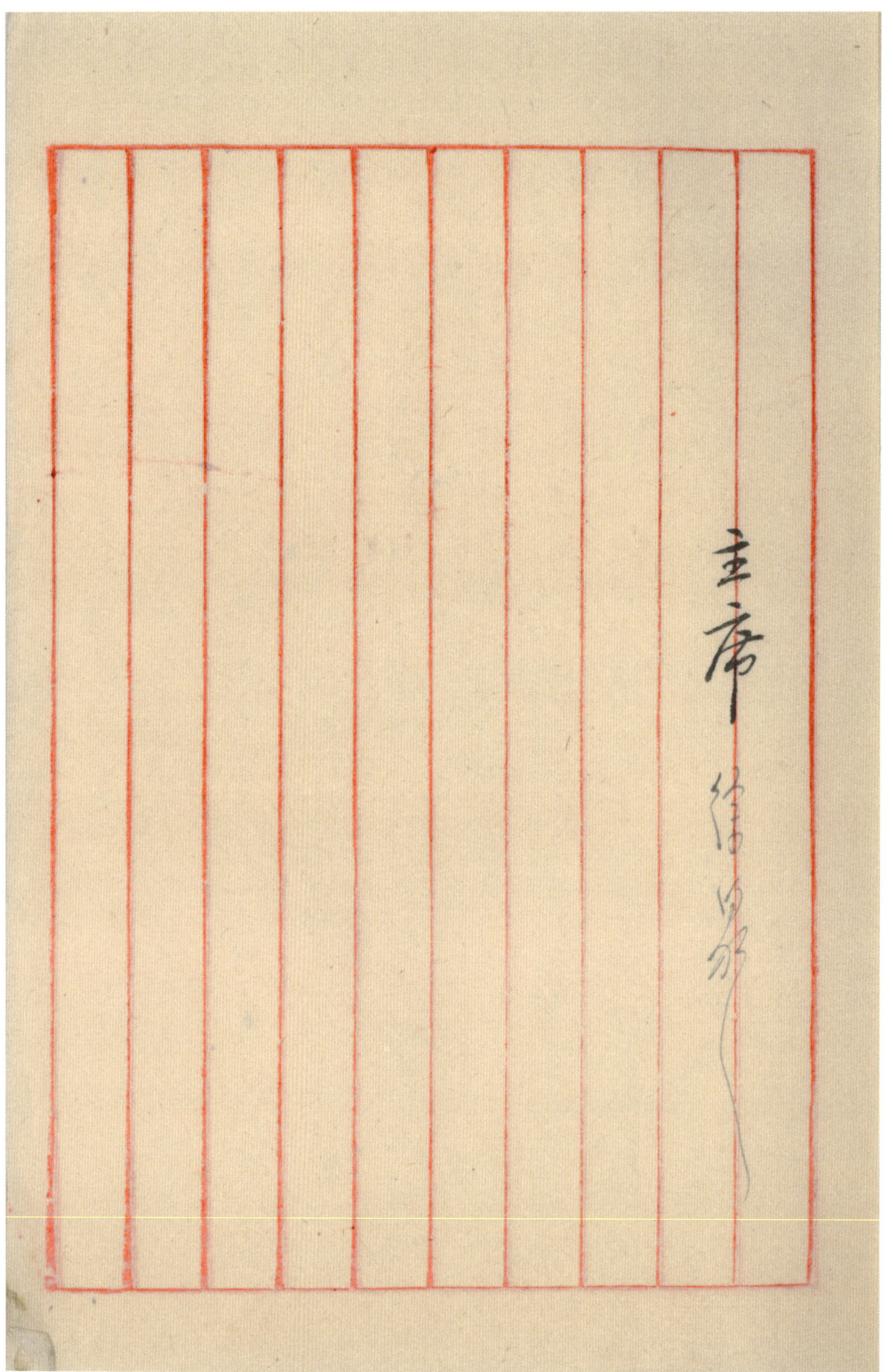

主席

生活出版合作社

第五届常务理事会记录

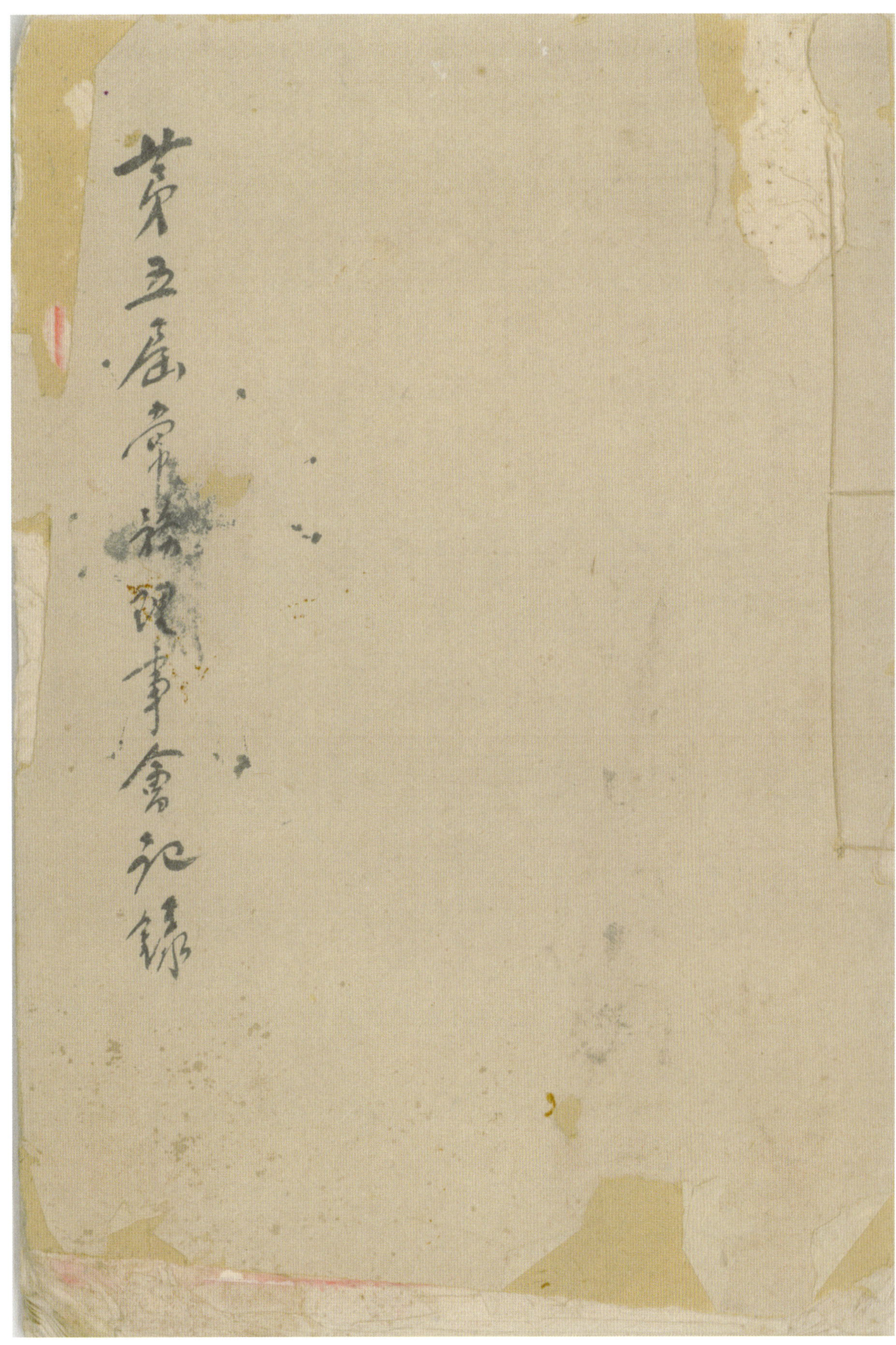

第五屆常務理事會記錄

第五屆理事會常務理事會第一次會議

時間 廿八年八月一日下午三時

地點 學田灣總管理處

出席人 徐伯昕 鄒韜奮 李濟安

金仲華（艾寒松代） 張仲實（邵公文代）

主席 徐伯昕

記錄 艾寒松

報告事項：

(一)徐伯昕先生報告

1.廿八年一月份至六月份全部營業狀況：

一月份　六〇，四〇〇·〇六元
二月份　七四，二二五·三八元
三月份　九六，三九五·〇〇元
四月份　八一，三一七·三三元
五月份　六八，〇〇九·四七元（未齊）
六月份　三六，六六〇·四九元（未齊）
總共　四一七，〇一〇·七七元
其中以三月份之營業最好。
乙、廿七年全年全體損益計算：
①銷貨收益　八九二，四二五·九八元

②销货成本　四五六，二九八·一九元
③毛利　四三六，一二七·七九元
④其他收益　五五八六·二八元
⑤收益总额　四四一，七一四·〇七元
⑥销售费用　四二九，九六六·七二元
⑦纯益　一一，七四七·三五元
3、廿八年第一季（一月至三月）及第二季（四月至六月）之造货总值：
第一季：　一六七，二一一·四〇元
第二季：　二八五，三一六·〇元

4. 本店出版各雜誌之銷數比較：

①全民抗戰　一三五四五份
②讀書月報　一三六二五份
③世界知識　一四〇五五份
④婦女生活　六三六八份
⑤文藝陣地　一〇一二五份
⑥戰時教育　三九七五份
⑦理論與現實　八〇〇〇份

此外總經售之雜誌

①國民公論　五九九一份

㈣文藝戰線　　八八三四份

（二）鄒韜奮先生報告

本人要報告的是關於過去生活日報創辦的經過情形，因為常有個别的同人對於生活日報的創辦和本店關係不甚清楚，容易誤會，故有特别提出報告及向常務理事會解釋的必要。第一，生活日報的創辦，完全係由本店最高機構理事會核定；第二，本人根據理事會之決定，代表本店為生活日報無限責任股東；第三，本人既係代表本店創辦生活日報，生活日報即為本店事業之一部分，辦理生活日報之經過以至結束已由本人向理事會報告，帳册亦經會計師查核過。根據上面三點，本人應向常務理事會聲明：生活日報之創辦及結束全係本店之事，且該事早已結束，手續清楚，並應由常務理事會向不明真相之個別同人隨時負責解釋云云。

討論事項：

1.關于生活日報問題

2.關于本店歷年來之股息及紅利分配問題

3.關于修改與中華職業教育社訂立的合同問題

4.關于本店今後之資金增加问題

議決事項：

1.通過鄒韜奮先生之報告，並認為「生活日報」在營業上之盈虧，鄒韜奮先生不負任何責任，此點尤宜由本會向不明真相之個別仝人，隨時解釋。

2.關于本店歷年來累積未分配之股息，應先依據社章規定分配，其關於紅利部份，亦應按照社章規定，無論出社社員或退職之正式職員，在其工作期內皆得享受上項應得之權利。至紅利分配辦法，當按各人之任職年月及薪水大小之比例分配之。惟一切分配所得，概作為本店股本或儲金，在本店未解散前，不得提取。

3.在原則上同意修改社章上關于對中華職業教育社之規

定，即每年在盈餘内提取百分之二十，亦移作股本，不得提取，至詳細辦法，當提出理事會討論之。

4、關于本店今後增加資金問題，擬採取下列六種方式，即：(1)改本店為兩合公司，公開招股；(2)發行店債；(3)組織銀團付款；(4)發行書劵；(5)出版「生活推荐書」(6)吸收儲蓄。

上項辦法，將于理事會提出討論，並作最後決定。

主席 徐伯昕

第五届理事會常務理事會第二次會議

日期 二十八年九月一日

地点 学田湾衡舍

出席者 徐伯昕 李濟安 金仲華（艾逖生代）

主席 徐伯昕

記錄 艾逖生

討論事项

本日鄒總經理給本會主席信一件，内容：“本店貴陽分店經理張子明同事不服從總處指示，擅離職守，輒認為在此無政府狀態之下，無法負責，在人事委員會未討論此事實行糾正以前，不能到店辦公，特向主席請假。如人事委員會公決此事無須糾正，則請主席召集理事會臨時會議，另推總經理爲荷」等語，本會對此應如何處理案。

議決事項

張子欽同事此次未經總處允准，擅離職守，破壞處事，有未當，應交人事委員會予以處分。惟總經理身繫全店託付之重，不容任其請假，推定主席爲理事會代表，敦勸鄒先生即日銷假回店，以維大局。

主席　徐伯昕

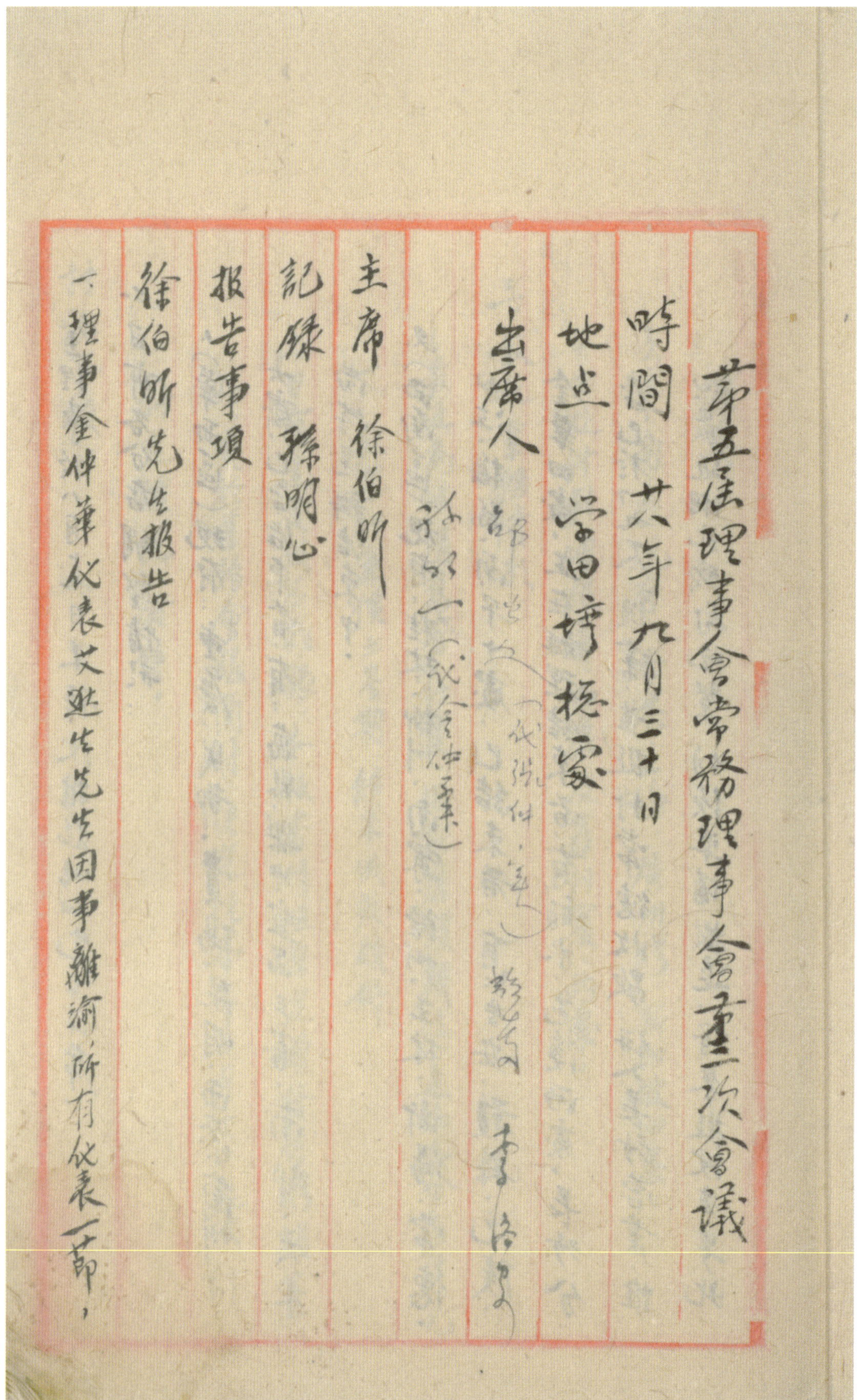

第五屆理事會常務理事會第二次會議

時間 廿八年九月三十日

地點 学田灣振家

出席人 鄒韜奮（代張仲實） 徐伯昕 李濟安

孫以一（代金仲華）

主席 徐伯昕

記錄 孫明心

報告事項

徐伯昕先生報告

一、理事金仲華代表艾逖生先生因事離渝，所有代表一節，金理事於八月十九日來信改推孫明心先生出席。

六、目前各分店調整情形：

1.（華西區）現有：重慶、成都、貴陽、昆明、西安、蘭州、六處，已告結束者，有：萬縣、樂山、宜昌三處、南鄭、天水尚待遲辦結束中。

2.（西南區）現有：桂林、柳州、南寧、梧州、玉林、衡陽、常德、曲江、梅縣、南平十處，已結束者，有：吉安、贛縣、沅陵、金華四處。正在辦理結束者，有：麗水、屯溪兩處。長沙分店已於「九一八」復業，並擬將常德收歇，併入長沙營業，惟以最近湘北戰局吃緊，均須準備撤退，將來擬改去粵北擴展。

3、（東南區）現有：香港、上海、廣州灣、新加坡四處。

4、正擬計劃增設者：西康及菲列賓、兩處。

三、最近業務情形：

1、最近為減清舊有存貨，擬就廉價辦法，通知各分店自「九一八」起舉行廉價三星期，結果成效頗好。

2、目前造貨成本飛漲，本版書刊照原定價發售虧損甚鉅，爰於業務會議商討，決定從本年十月廿日起改訂新定價，統一發售。

討論事項：

(一)籌措經濟問題
(二)資金分配方案
(三)社務分組辦法
(四)推進華北業務與第二戰區文抗會合作問題
(五)卡車出讓問題
(六)施行分店組織簡則問題
(七)施行分店辦事規則問題

決議事項

(一)向新華交通商洽借款十萬至二十萬元,定期五年至十年,逐年攤還,採遠支限額遞降辦法,由鄒韜奮、徐

昕两先生与王志莘錢新之先生進行接洽，

(二)資本金分配方案，除第一條股息部份，應根據新舊社章之差别照法律規定重行改處外，餘均照原文通過。(附録如下)

二十五年本店以獨資商號向國民政府實業部呈請註册，當時呈报資本總額為四拾伍萬元，查資本金原為四一萬六千三百廿九元九角於二十五年下期内如數轉入社員儲金帳户，而將歷年(自二十二年七月至二十五年十二月)提存之存貨損壞準備，存帐損壞準備，壞帳準備，折舊準備，特别準備，停刊定費及本版書提高折扣等項之全部或一部份數額湊足十五万元轉入資本金帳户。

依據潘序倫查帳報告書之意見，認為「上述各項準備，有一部份，固屬公積性質，惟有一部份係屬資產估價帳户，今全部轉作資本金，似覺不甚妥當」云云。

上述帳面資本金十五万元，應否及如何確定其性質及其分配一案，茲經三十八年八月三日理事會第二次常會決議在原則上通過，推舉金仲華（艾寒松代）徐伯昕甘遽園（張志民代）三理事草擬具体分配方案，提交下次常務理事会討論之。

茲根據理事會決議之原則及上述資本金構成之性質並參酌本社組織之精神，謹擬定分配方案如次

一、按照社章第四十三條關於盈餘分配之規定將資本金十五萬元先照下列百分數分配：

公積金户	佔百分之十五	應得	二二五〇〇元
中華職教社補助金户	佔百分之二十	〃	三〇〇〇〇元
職工紅利户	佔百分之三十	〃	四五〇〇〇元
股息户	佔百分之二十	〃	三〇〇〇〇元
同人福利基金户	佔百分之十五	〃	二二五〇〇元

六、自二十三年七月（註）至二十五年十二月社員（包括在此時期內之在社社員）應得股息，按照社章第四十三條「股息不得超過年息一分」，其超過之數撥歸社員福利基金」之

規定儘先自股息户項下分配之。

股息以二十四年六月卅日二十五年六月卅日以及十二月卅一日之社員儲金結數，照週息一分計算之。

二十四年六月卅日儲金结数為二三七五八.五〇元應發股息二三七五.九〇元

二十五年六月卅日儲金结数為八二七一.〇〇元應發股息一八二七.一〇元

二十五年十二月卅一日儲金结数為一六三三九.九〇元應發股息八一七.〇〇元

共計應發股息五〇二〇.〇〇元（各社員應得股息另詳附表）

剩餘股息二四九八〇.〇〇元撥入同人福利基金户。

三、自二十二年七月至二十五年十二月每届盈餘項下，應付中華職業教育社百分之二十之補助金，均已準期付訖，此款應自資本金項下應得之社股額内除結之。

二十二年七月至十二月純益　三六二一.一四元

二十三年一月至六月純益　一二六四.七一元

二十三年七月至二十四年六月純益　九一〇.四六元

二十四年七月至二十五年六月純益　一四二〇.二四元

二十五年七月至十二月純益　一〇〇三.五四元

共計純益八二二〇.〇九元按百分之二十計算已付補助金

一六四四元。

此項已付補助金一六四四元撥入公積金户

自本方案实施以後，應付中華職業教育社補助金之原訂契約當與該社商議廢止之。今後按其資本金項下之社股額，照章數息，此項社股非至本社解散時，不得提取。

四 自二十三年七月至二十五年十二月在此期間内所有職工（包括社員非社員以及已離職之職工）按其歷年所得薪工總數，比例分攤紅利部份。

薪工以每年最高之月薪倍全年工作月數計算之。

二十三年份 一薪工總數

二十四年份　〃　〃

二十五年份　〃　〃

合計薪工總數

紅利户四五〇〇〇元平均薪工一〇元應得紅利　　元

社員應得之紅利（另詳附表）作爲投資本社之社股，非至本社解散時，不得提取，非社員（另詳附表）應得者係屬儲金性質，但須與社員同樣辦理之。

五、上述第二條社員應得之股息併入各人社股項下，不得提取。

六、依據上述各條分配之原則，本店資本金十五萬元之分配確定如下：

資本金
- 公積金户 二四、一四四元
- 社股
  - 中華職業教育社 二八、三五六元
  - 社員
- 職工儲金
- 同人福利基金户 四七、四八〇元

六、資本金項下公積金户與同人福利基金户每年應得之股息撥入普通公積金户與同人福利基金户。

（註）廿二年七月至廿三年六月應發股息及紅利業經於廿三年十月付訖。

（三）根據理事會決議原則（一）每地成立一組，人數不限；（二）每三月開會一次，不拘形式，二距分别通知各店辦理。

（四）可照契約上各款辦理。（附録如下）

第二戰區文抗會[協]
生活書店辦文化書店合同草約

第二戰區文化界抗敵協會（以下簡稱甲方），為推進本戰區內抗戰建國文化起見，特約生活書店（以下簡稱乙方）承辦文化書店，经双方议定條件如下：

一、乙方承办之文化書店，对外得以甲方代表人為对外最高代表人，对内組織，無論经濟會計及人事管理等，均由乙方自行負責经營，不論營業盈虧，甲方概不顧問。推乙方添請工作人員時，得向甲方徵聘之。

二、甲方所有出版物，乙方有代理發行之義務，此項代理發行工作，會計完全独立辦理，並事先由甲方付給乙方一部份發行資金，事後由乙方按期將應付郵運費，包裝費等實報實銷，乙方不取手續費或办公等费用。如有盈虧，概由甲方自行負責。

三、文化書店營業狀況，得按期向甲方代表人報告，并徵求其指示。

四、乙方總店暫設於二戰區司令部所在地，並依照事實上之需要緩急，與乙方之能力，經双方同意，增設分店，倘未經乙方同意而甲方認為必須設店時，其辦法得臨時訂定之。

五、乙方所經售之書報目錄，甲方所屬各分會應予以義務推廣散發。

六、乙方運輸書报至二戰區内各地或其他分店，甲方須予以代僱車輛馬匹之幫助，費用由乙方担負，必要時，甲方代為請求軍事警衛机関予以武装保護，以利書報輸入敵人後方。

七、本辦法有效期兩年，期内如經双方同意，得提出修正或取消之，期滿後如仍有需要，得在三個月前另行商訂之。

八、本辦法一式兩紙，自双方簽字日起發生效力。

甲方　第二戰区文抗会附設文化書店
代表人

乙方　生活書店
代表人

(五)卡車決定從速出讓。

(六)分店組織簡則通過施行。(附錄如下)

生活書店分店組織簡則

第一章 組織

一、本店為發展業務起見，得由總處總經理之提議經常務理事會通過於國內外各地設立分店統歸總處管轄。

二、分店設經理一人，並得視事務之繁簡，增設會計營業總務等三課，必要時得在課以下，得因工作部門之不同而設立若干組。

三、各課設主任一人，職員練習生及店工若干人，視事務之繁簡酌定之。

四、分店經理及會計課主任，必要時，得兼任其他任何一課主任，各課職員及練習生得以一人兼辦兩課或兩課以上之事務，

第二章 職權

五、分店經理之職權如左：

1、擬定營業計劃及督促店務之進行

2、辦理營業上契約之簽訂

3、管理員工之進退及工作之支配并考核其勤惰

4、核定員工關於營業上之各項建議

5. 處理關於銀錢帳目貨物之審核事宜。

6. 執行總處通告及函件指定之一切事宜或其他委託事宜

7. 綜理分店其他內外一切事宜

六、會計課之職權如下：

1. 關於銀錢出納事項

2. 帳務之記載及核對事項

3. 辦理關於款項之審核稽查及預算決算之編製等事宜。

4. 造具統計報告事項

5. 收付款之單據欠款之催索等事項

七、營業課之職權如左：

1. 關於門市、批發、郵購、發行及營業等事項

2. 關於推廣及調查等事項

3. 關於貨物之收發保管（棧務）等事宜

4. 其他有關營業事項

八、總務課之職權如左：

1. 辦理關於文稿之擬撰繕寫及一切文件之收發保管等事宜

2. 辦理關於人事、事務、及運輸等事宜

3. 關於生財用具之保管等事宜

八、其他不屬於各課事宜

第三章 人事

九、分店員工，除經理、總務、會計、營業各課主任必須由總處指派外，餘得由分店就地招考試用，但須將考試結果報告總處核定之

十、分店員工如有犯規行爲發生，須報告總處處理，必要時，得由分店經理依照本店員工服務規程之規定，處理後，報告總處追認之。

十一、分店員工除各課主任外，其職務之更調由分店經理決定後報告總處備查。

第四章 會議

十二、分店應於每兩週舉行店務會議一次，由經理召集之，經理缺席時，由代行經理職務之職員召集

十三、分店除規定之店務會議外，必要時得舉行臨時會議，由經理召集之

十四、店務會議之任務為：(一)業務報告 (二)工作檢討 (三)有關店務各項問題之討論與研究。

十五、店務會議經過，每次應摘要報告總處備查

第五章 附則

十六、支店組織簡則與本簡則同，惟一切由分店管理之。

十七、本简则经常务理事会通过施行。

十八、本简则如有未尽事宜，得由总处总经理经理提请常务理事会修订之。

（七）分店办事规则通过施行。（附录如下）

生活书店分店办事规则

一、分店在附近区域内增设支店或办事处等之营业机关须先拟具计划书，及营业概算经总处总经理经理核准后方得进行。

二、分店不得以分店名义借贷款项或收受存款，但遇有特殊情形，事先报告总处认可者不在此限

三、分店不得以分店名義代人担保，但遇有特殊情形事先報告總處認可者不在此限。

四、分店所用各項圖章均由總處刻發，不得自行改换或添刻，銀行存款印章應在總處預留印鑑。

五、分店所用各項傳册單據及公用信箋信封等均由總處照規定格式，通知造貨成本最低處印發，如有改换格式或照樣另印情事，須事前報告總處核准。

六、分店所用書目傳單及發登日報廣告，均由總處排印寄發，必要時，得由分店自行辦理，但事後須檢送樣本報告總處查核。

七、分店非經總處核准，不得兼營本店營業範圍以外之他項營業。

八、分店对於書刊定價或批價，如有變更時，應先經總處核准，

九、分店代售外版圖書雜誌，應由分店經理審查決定，其新出版者，應每週填具報告寄總處備查，但承訂特約經售合同或分發其他分店時，須報請總處核准。

十、分店得由總處劃定營業區域在該區域内推銷本外版書刊及與同業普通往來，但如與某一地之同業訂立特約時，須經總處核准。

十一、分店对於客戶往來，一律不得欠帳。

十二、分店各項開支，應每半年依照規定編製預算，寄交
總處核准。
十三、分店開支款項，應隨時遵照總處核定之預算支付，如
有特殊情形，必須增加開支時，得造具臨時預算報告
總處核准。
十四、分店於每半年結帳一次，由分店經理會同各課主任依
照總處規定格式，造具營業報告書，財產目錄，資產
負債表，損益計算書等，於一七兩月以分別寄交總處查
核。
十五、分店門市收款，應由收款人，於每日營業時間終了時，將現

款連同發票帳單送交會計課点收

十六、分店除門市經售外，批發、郵購、發行等各組應收款項，均應於每日辦公終了時，將現款連同發票帳單，送交會計課点收。

十七、分店付款必須有証明單據，並應由經理簽字核付。

十八、分店現金存數，由總處酌量情形限定之，逾限應即滙寄總處或總處指定之地点。

十九、總處指定分店劃付之款項，須即照付，但存款不足划付時，得向總處申明。

二十、分店未得總處或其他分店划付款項之通知時，不得

任意代為付款、

二十、分店經手銀錢部份，分店經理得会同会計主任隨時檢查庫存，必要時，須將檢查結果报告總處備查

二十一、分店本外版存貨（包括內市棧房等）應由棧務組或棧務管理員，於每月底查點清楚，於次月五日前將存銷報告抄送經理签字後寄總處查考。

二十二、分店本外版存貨應由分店經理或營業課主任会同棧務組或棧務管理員隨時根據存銷卡檢查，至少每半月一次，其有滯銷貨物，外版應隨時退还，本版應报告總處處理，如查有散亂污損者應督促負

責人整理，並須將檢查結果及辦理情形逐次報告
總處備查。

二十四、分店本外版存貨，除棧房應有存銷卡片登記，以便稽核外，門市組亦應辦理核銷手續，分店經理或營業課主任應隨時予以抽查，每月至少一次，並將辦理經過報告總處備查。

二十五、分店各部份發票帳單，均應由會計課隨時複核。

二十六、會計課應將總處規定之各項簿冊、單據每旬彙寄總處備查。

二十七、總務課應遵照總處規定，按期將員工考績表，送

由經理簽字後，寄總處查核，

二十八、分店各課組对外信件，一律用分店名義，文稿均應由分店總務課會閱及經理簽字後始得繕發，

二十九、會計課應每旬造具營業旬報，送由經理簽字後寄總處查核，

三十、分店对於總處之各項報告，及調查表均應按期照寄不得遲誤，

三十一、分店添配本外版圖書雜誌，應由營業課開單，並經經理核准後，再行寄發總處或區處及其他分店添配。

三十二、凡在分店工作之員工，不論係當地招致試用，或由總處

调派者均由分店经理负责管理。

三十三、分店内包括有造货部份者，除其造货数量及预购纸张应经总处核准外，余均由分店经理管理并督促其进行。

三十四、分店经理如职务更动时，应即依照规定之手续将本人经理任内一切货款帐项、生财等等一一分别点交新任经理接收，新旧经理并须将交接情形及交接物品全数造表备文报告总处查核。

三十五、分店各课主任如职务更动时，应即依照规定手续，将本人任内经管之一切事务分别交代新任主任，新舊主任并須將交接情形書面报告經理并由經理报告總處。

三十六、分店如因被窃或遭受意外，及遺失憑單証據等情，應一面报告軍警当局查辦，一面登报將重要憑單，証據申明作廢外，并須报告總處查核。

三十七、本規則經常務理事會通過後施行。

三十八、本規則如有未尽事宜得由總處總經理經理提請常務理事会修訂之。

主席 徐伯昕

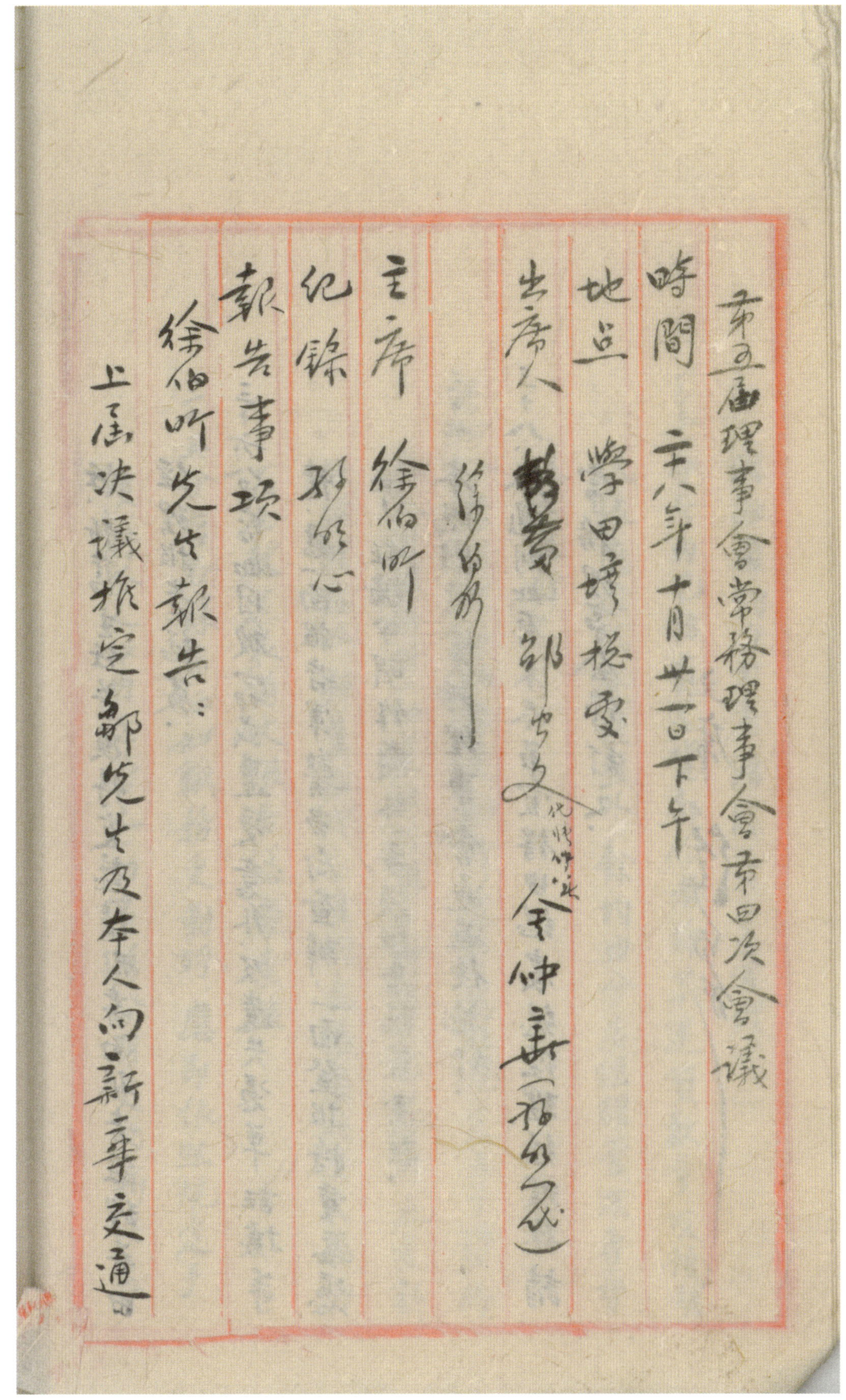

第五屆理事會常務理事會第四次會議

時間　廿八年十月廿一日下午

地點　學田塆總處

出席人　韜奮　邵公文　金仲華（孫明心代）

徐伯昕

主席　徐伯昕

紀錄　孫明心

報告事項

徐伯昕先生報告：

上屆決議推定鄒先生及本人向新華交通

商洽借款事，業已擬具借款辦法及創辦印刷所、造紙廠計劃書與王志莘先生作初步接洽，接王先生意見，投資印刷所可無問題，造紙廠則再須考慮，且認為二十萬元為數太鉅，進行恐有困難，故擬減為十萬元，俟錢新之先生來渝後續行商洽。

討論事項

一、接盤印刷所問題；

二、與新華合作儲貯印刷材料問題；

三、與山西文化書店確定合作原則問題；

四、巡迴視導實施辦法問題；

五、最近經濟困難，應如何處理問題；

六、服務部歸併與主計部恢復獨立問題。

決議事項

一、勵精印刷所現有全部印刷機件出讓，排字鑄字部份計鉛字銅模等約價二萬五千元，印刷部份計機器等約價二萬五千元，連同流動資金一萬元，共計需資本六萬元。本店決定與新華共同投資接辦，惟以本店必須認股半數爲原則。

二、本店與新華合作購貯印刷材料辦法，決定各半投資，盈利均分，手續費照扣。又其部份擬籌五萬元，詳細辦法再行商討之。

三、本店與文化書店合作問題，決定暫定資本一萬元，文抗會與本店各投資五千元，組織董事會，文抗會推二人，本店推三人，由本店推薦經理負責全權管理，詳細辦法另行擬定後，與前途接洽進行。

四、巡迴視導實施辦法，先將擬就草案交由業務會議提出討論，再作決定。

五、最近造貨增加，經濟奇窘，除將卡車擬以一萬三千元出售外，並將抵押與中國銀行之存紙，辦理提高押額，同時進行昆明存紙抵押，希望總額為二萬元。

六、服務部以環境關係，工作不易開展，決定於十一月份起取消，原有工作，歸入總務部服務科辦理。原有併入總務部之會計、稽核兩科，仍予恢復為主計部。

主席　徐伯昕

第五屆理事會常務理事會第五次會議

日期　二十八年十二月十六日

地點　學田灣振變

出席者　李濟安　徐伯昕　韜奮
金仲華（孫明心代）　張仲實（鄒韜奮代）

列席者　甘遽園（張志民代）

主席　徐伯昕

紀錄　孫明心

報告事項

本年經濟收支情形，預計在結帳時各區應付印刷費、纸张、版税等等约需六万三千六百二十元，估计各店应收款项约计五万二千元，收支相抵约少一万二千元。内中应付版税逕与预支稿费相抵，卅年日记如能在年内售出，即可周转。

討論事項

一、昆明存纸应否出售问题；

二、流動資金運用原則问题；

三、拟具卅年度营业计划问题。

決議事項

一、昆明存纸三百令，照目前市价每令六十元，似应出售，决俟渡過年關後出售。

二、資金問題最近已獲解决辦法，本年可向銀行透用七萬二千元，運用原則必須依照計劃，並須指定專為積極性的生產用途。運用原則確定如下：

1、指定造貨（包括購紙、印刷費、稿費、版税、運費等）

2、外版進貨（在資金中劃出一部份，專作外版書進貨準備金）

3、購儲原料（在不妨礙二三兩項用途外，以正確估計，劃出一部份款項作為短期購儲原料，利用盈利以增加生産）

三、廿九年度營業計劃，應即彙集業務會議、編審會議所提出之具體意見，配合目前經濟情形，着手擬具。

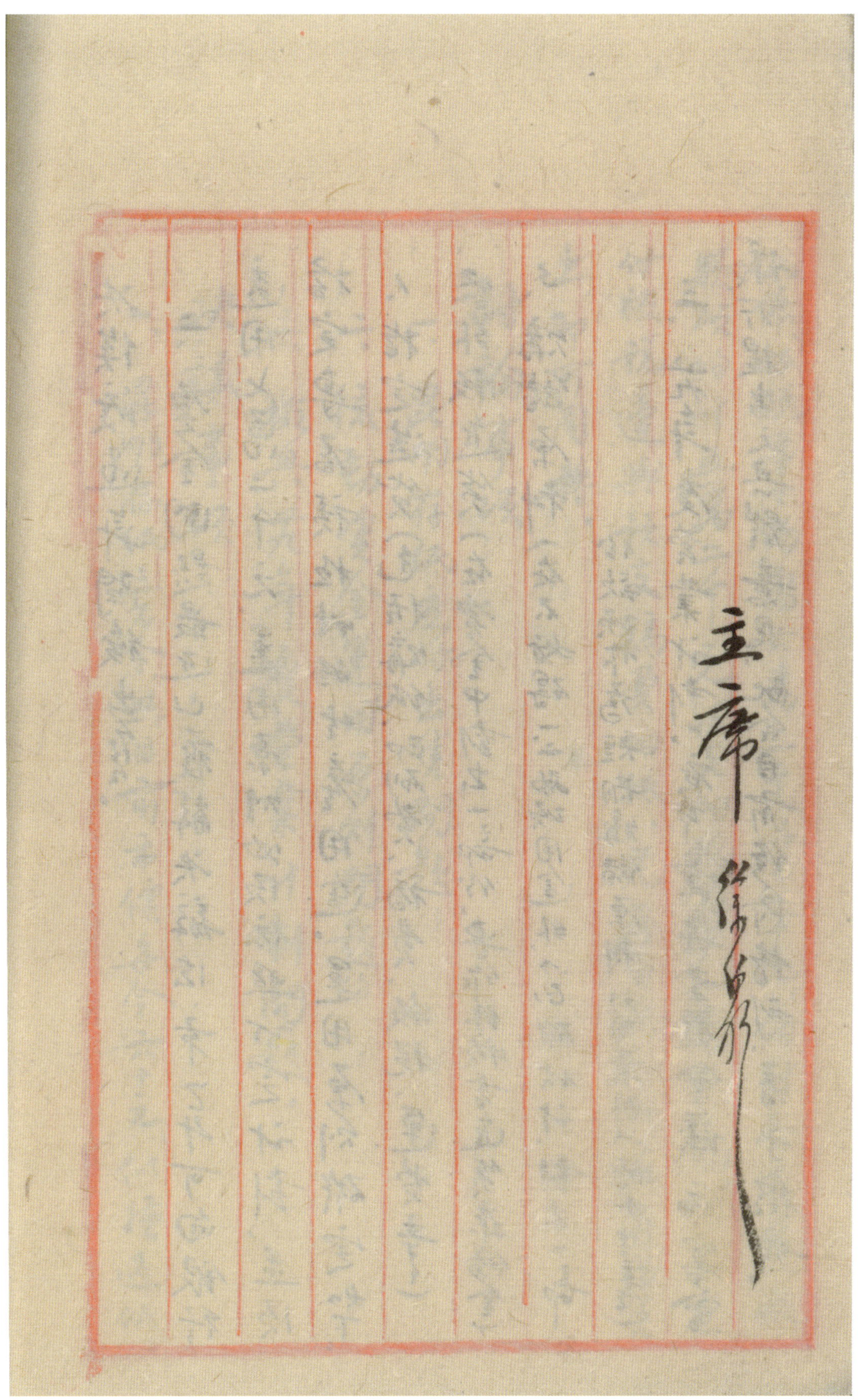
主席 徐伯昕

生活出版合作社

第五届人事委员会会议记录（第一册）

第五屆人事委員會會議記錄

第一册

生活出版合作社人事委員會第五屆成立

大會紀錄

時間　廿八年五月八日下午三時

地点　重慶学田湾總处弍樓

出席者

彭晉　孫明心

顧一凡（莫志恒代）

張子軒（方学武代）

范愛頤　徐伯昕

袁信之（黄洪年代）

艾逖生　華風夏

到席者　邵公文　張實　薛迪暢（吳全衡代）

主席　鄒韜奮

記錄　張錫榮

主席報告　人事委員會是本社設會開始的最高機構，職任甚為重大，這次本地開會，可知我們奮鬥的堅苦精神。因外埠委員難遇代表選到，以致延至今日方始成立。本社社務事個別及工作太繁，惜時期匆促，未及擬就提付檢討。因急於解決同人困難,以給適當同人福利,是以草草成立。

選舉主席及秘書

決議 推選鄒韜奮主席,張錫榮秘書。

討論事項

一、同人臨時生活問題(渝地);

二、膳食起居問題;

三、本會具体工作分配;

四、領導自治會問題;

五、打勸儲蓄問題;

六、成立服务队救济难胞问题；

七、参加实集搬场同人奖励问题。

议决事项

一、渝地同人今后临时规定如下：1. 规定早晨六点半起身，七点半早餐，十点睡觉，十一时熄灯。2. 在规定睡眠时间内，不得喧哗。3. 规定十时半关锁大门，如因特别事故迟回店就寝者须向室长声明，由室长报告总务部。4. 同人亲友因不得已之故由临时住宿本店者，须商得总务部之同意，行铺住宿，并限迁出日期。5、同人如不回家睡覺，須通知室長。6、每天起身後被鋪須整齊。7、每一房間選舉室長，分別室長各一人，室內同人服從其指導。

二、膳食起居問題，改善如下：1、廚房清潔，物品蓋用紗罩，廚子圍白布。2、廁所另行建造。3、打防疫針。4、備口罩。5、備洗面缸。備澡盆。6、撤換房間，酌添行鋪另睡。7、天冷應（添）廁所近燈。8、同人親友（除夫妻外）借宿期限至多兩星期，限搭行鋪。9、不特聘請傭役，煩師母為同人檢查食品。

三、本会具体工作分配如下：1.教育，由艾逖生、華風夏負責；2.宿舍，由吳全衡、范應桓負責；3.衛生，由方学武、孙明心負責；4.娛樂，由莫志恒、黄良年負責。

四、自治会小組会改名為自治会分組会。由艾逖生、華風夏負責領導，斟酌情形可以舉行常会。

五、同人折薪儲蓄原則如下：1.希望達到每月收入儲蓄總數壹千元；2.三十元以下者不折儲；3.最高不得超過百分之二十。月薪自較多供者酬。

六、由服務部及同人自治會合組服務隊一隊約五人，參加國民党部舉辦之救護難胞之工作。惟人選須經經理之同意。

七、突擊搬場工作之參加者均充分發揮生活精神之自動積極性，在危險與困苦的條件下，迅速完成艱鉅之工作，自應提出特別努力者予以名譽之獎勵，茲擬定名單如下：張錫榮、李濟安、程浩飛、湛一貞、華青禾、徐伯昕、范廣楨、孫明心、張東盛及夏雨人董文椿、邵峻甫、蒋有纯、朱根兴、王信栋。

选定原则如下：1.连续三天特别辛苦者；2.在第一晚特别辛苦者。此项办法系由分组会讨论议决定之。此外，社外友人帮忙者应调查分函致谢。

主席　韬奋

人事委員會第一次常會記錄

日期　廿八年五月十五日下午三時半

地點　學田灣總處二樓

出席者　孫明心　華風夏　徐伯昕　艾逖生　張錫榮　范廣楨　張又新（方學武代）　顧一凡（莫志恒代）　袁信之（黄洪年代）　薛迪暢（吴全衡代）　鄒韜奮

主席　鄒韜奮

記録　張錫榮

討論事項

一、扣薪儲蓄問題：

二、局部加薪問題；

三、黃曉萍醫藥津貼及丁道友曠工問題。

議決事項：

一、本店為增強資金運用起見，決定自七月份起實行扣儲薪工辦法，規定原則如下：一、薪工在三十元以下者不儲；二、薪工在三十一元至五十元者儲百分之十；三、薪工在五十一元至一百元者儲百分之十五；四、薪工在一百〇一元以上者儲百分之二十。月息一分，期限暫定一年。

二、下列同事試用期滿，薪水應調整如下：程浩飛原薪三十元，應加十元；薛子丞原薪八元，應加四元；黃鴻遠原薪十元，應加二元；

王大煜原薪十七元，應加五元；孔東海原薪八元，應加三元，史鶴欽原薪十四元，應加二元。
試用期滿之員工加薪，不照一般加薪原則，而應就該員工過去工作經驗，工作能力與試用期内工作成績，另行調整之，以符「各取所值」之原則。
三、滬店黄曉萍同事因公受難，医約費二百餘元，由店付給，病後休養三月，薪水照给，本會予以追認，丁道友同事自動離職，無故曠工数月，應予解職。
主席 彭奇

人事委員會第二次常會記錄

日期　廿八年六月一日下午三時

地點　學田灣總處二樓

出席者　張錫榮　孫明心　華風夏　艾逖生

范廣楨　薛迪暢（吳全衡代）　袁信之（黃洪年代）

顧一凡（莫志恒代）　張又新（方學武代）

鄒韜奮

主席　鄒韜奮

記錄　張錫榮

討論事項：

一、分發考績表問題；

二、華青禾服務員待遇問題；

三、程浩飛匯葯津貼問題；

四、滇、泸、蓉、桂、樂、宜、柳自治會成立分組問題；

五、獎曹建章、聶會鎮、嚴長慶、張錫榮、徐伯昕、李濟安、董文椿、馮一予；懲鹿懷寶、區鑑、葛陽生、胡祖榮案；

六、港泸同事出版「我們的生活」問題；

七、總處變動辦公時間及起居時間問題。

決議事項

一、本屆考績表共分三種：一種為考績表，由各部科主任或各店經理填寫；一種為調查表，由每一同人本人填寫；一種為報告表，由各地自治會幹事填寫。考績表分勤曠、工作、能力、學習四部份，勤曠佔二十分：請假日數，除半年中應有的例假十八天不計外，其餘請假一天，即扣除一分；又遲到或早退每三次扣除一分；請假與遲到或早退，均須加併扣除，以扣至0分為止。工作佔五十分：共分五項，每項各佔十分，每項均分甲、乙、丙三等，甲等為十分，乙等為七分，丙等為五分。能力佔二十分：共分五項，每項各佔四分，每項又分甲、乙、丙三等，甲等為四分，乙等為三分，丙等為二分。學習佔十分：共分五項，每項各佔二分，每項又分甲、乙、丙三等，甲等為二分，乙等為一分，丙等為〇分、交由總務部製表分發，並用通告説明之。

二、華青禾君原為投考本店之戰地服務員，茲因戰地服務工作停頓，華青禾君改任本店職員，此後得享受本店一般職員之待遇。

三、程浩飛同事在試用期內，照章不能享受醫藥津貼之優待，其已領用者，由鄒韜奮先生自認代還。

四、滇、渝、蓉、桂、樂、宜、柳自治會分組辦法，照主席核定之辦法分配之。

五、滇店曹建章同事在滇店負責人請假期內，代理職務成績顯著，辦理會計事務迅速無誤，應予獎勵，贛店聶會鎮同事當南昌失守前夜，押運貨物安全最後退出，應予獎勵，嚴長慶同事安全退出長沙迅速建立曲江分店，成績顯著，應予獎勵，張錫榮、徐伯昕、李濟安、董文椿、馮一予五同事，當五月四日重慶大轟炸後搶救公物時特別努力，同人公決應予獎勵，以上除作成績記錄外，應予以名譽獎勵，發給「生活獎狀」以誌紀念，

西安鹿懷寶同事於四月九日，不得西安分店負責人之同意，擅離職守，實違犯本店服務規程第六條「各職員應服從本店移調派遣，不得無故推諉」之規定，查鹿同事曾已受最後警告與察看三個月之懲戒，此次無可再予寬

容，决予停職處分，以維紀律。

、沅陵葛陽生私取公款一元，被負責人發覺，寫悔過書表示誠懇悔過。本會予以追認，並予以書面勸告。

、邕寧區鑑同事不受經理之指導，同時對於顧客有傲慢怠忽情事，梧州胡祖榮同事有舞弊嫌疑，以上待調查確實後分別予以懲罰。

六、「我們的生活」之出版，除因特別情形得本會之允許者外，暫以集中區中心分店出版為原則。為保証其內容妥善起見，須由本會指定同事一人參加編輯，接受本會之指導，印刷材料及快郵寄費概由本店津貼之。

七、為舉行早操及防空襲，總處同人起身時間改為上午六時，辦公時間改為上午八時至十一時，下午一時至五時。

主席 韜奮

補第六次常會決議案第三條下文

本店疾病死亡津貼之辦法，原規定在試用期內之職工，不能享受。茲為照顧全体同人福利起見，取消該辦法關於試用期內之職工不能享受津貼之限制。此後凡在試用期內之職工，一律同樣享受本店疾病死亡津貼辦法之優待。惟新同事進店，均須經過體格檢驗。

主席 韜奮

人事委員會第三次常會記録

日期 廿八年七月十七日下午一時半，

地點 總處二樓

出席者 孫明心 華風夏 徐伯昕 艾逖生 張錫榮 范廣楨 鄒韜奮 薛迪暢（吳全衡代） 袁信之（黃洪年代） 顧一凡（莫志恒代）

列席者 邵公文

主席 鄒韜奮

記録 張錫榮

討論事項：

一、七月份加薪問題；

二、調遣職員問題；

三、自治會改選及組織問題；

四、宜昌楊罕人、蘭州薛有安、總處秦侯瓌解職，臧其吉辭職，陳鷹、孔東海自動離職問題；

五、岳劍瑩請長假一年問題。

議決事項：

一、按照常例，七月份應否酌加薪一次，但在目前的狀况下，本店因受當局誤會，被封閉或勒令停業之分店已有十處之多，計西安、南鄭、天水、沅陵、金華、贛州、吉安、宜昌、屯溪、曲江，營業收入，每月至少減少一萬六千元，即約佔每月營業總額四分之一。其他尚有財物被沒收之損失，人員調遣的旅費損失，建立新店的損失等。本來加薪係根據營業情形，照目前營業情形，實未能依照向例遍加，但因戰時物價高漲，為相當顧全一部份同人事實上困難起見，對於薪水在三十元以下者，及正當試用期滿而成優良之職工，仍予酌量考慮加薪，加薪額自一元至三元，總額以五百元為原則，在本屆應予考績之材料，完全併入下屆同時考慮，如未達下屆考慮時期而本店營業好轉時，得隨時提出考慮加薪。此外對於成績特別優良或調任職務特別繁重者，仍得分別情形予以考慮或書面通知，說明應加薪而未能加薪之困難，並予以鼓勵。

二、調艾逖生任駐滬辦事員；調趙曉恩、何步雲、沈俊之、羅穎、楊賡福、曹德宣、呂桐林、陸敬士至香港分店工作；調倪寬至廣州灣支店工作；調包士俊、金在楨到新加坡分店工作。

三、關於自治會之組織，應照下列原則予以修改：一、每組人數增多；二、開會次數減少；三、幹事會由全体會議產生，推定邵公文、莫志恒、程浩飛負責研究提出修正，關於不應組織自治總會事，由鄒韜奮出席幹事會解釋之。

四、宜昌支店職員楊罕人，因公被捕，受人威脅，於六月廿三日武漢日報上刊登聲明書，謂「誓與生活書店斷绝一切關係」云云，應予以解職。蘭州分店練習生薛有安，辦事錯誤，不守店規，已由分店經理執行解職，予以追認。總處職員秦佚儂試任繪画工作，速度太差，並不相宜，應予停止試用。總處職員戚其吉提出辞職，應予照准。重慶分店陳鷹、孔東海自動離職，其移交手續應責成分店經理查究办法。

五、岳劍瑩因求學，請假一年，應予照准。

（補）人事報告：

六月一日以後進店者

一、總處　李德勳（營練習生）　趙冬根（编輯）
胡绳（編審委員）　丁潔如（秘練習員）
汪占魁（工友）
二、渝店　丁希舜（郵練習生）　龍志明（工友）
袁太恒（門練習生）　黄錫鈞（發試用職員）
三、吉安　劉西庚　萬均
四、成都　范玉全（門練習員）

主席　鄒韜奮

人事委員會第四次常會記錄

廿八年八月九日下午二時半在總處二樓舉行

出席者 孫明心 范廣禎 黎[illegible] [illegible]

袁信之（黃洪年代） 顧一凡（莫志恒代） 徐伯昕

薛迪暢（王錦雲代） 艾寒松 [illegible]

列席者 邵公文

主席 鄒韜奮

記錄 張錫榮

徐伯昕先生報告人事變動：

一、因收歇而已通知停職者，南鄭王福田、陳祥銳、陳樹德、樂山周裕嚴、陳永和、曾智明。

二、因工作成績不佳已通知停職者：重慶馮鑑、何小平，總處劉文隱。

三、調動職務：金偉民、王煥洪、徐雲堯、諸倪由沅陵調衡陽，曾淦泉、趙海青由零陵調衡陽，葛陽生由沅陵調曲江（金偉民報告已辭職），王志高由重慶分店調總處。

四、衡陽黃寶元因肺病請假，總處朱爾悌因母病請假二月。

五、宜昌周純如辭職。

六、胡潤泉進總處任出版科工作。

討論事項：

一、史鶴欽善後问題；

二、南平支店被焚責任问題；

三、審查準社員。

議決事項：

一、史鶴欽同事於廿八年七月間任職南温泉流動供應隊時，因患回歸熱不治逝世。查史鶴欽同事在任職期内因鄉间飲食起居比較艱苦，流動工作比較辛勞，以致易於得病。病後因人手缺乏，支持工作一天，未能迅速就醫療治，此顯係帶有局部因公的性質，除將喪葬費二百八十元五角〇分照付外，史鶴欽同事係於廿八年二月间進店，應按照疾病死亡津貼辦法之規定及臨時委員會第三十三次常會決議之精神，按月支給半薪八元，時期以壹年為限，由其家長（父）收取，以資撫恤。

二、延平支店於廿八年五月九日，因鄰居失慎延燒，全部焚燬，損失財產約計四千元，重要賬冊等文件均未取出。查其過失，原因：第一、店中未留職工住宿，以致鄰居失慎後未及迅速搶救物件；第二、總處早於　月　日通告各分支店應作防空之準備，將重要文件移存於安全處所，並減少門市非必要的存貨量，而延平支店未照辦理。延平支店代理負責人陳雲才同事本應負全部過失責任，但查陳雲才同事年歲較輕經驗不豐，代理負責延平支店，係屬暫時性質，事前佈置未週，情有可原，應從輕處分。予以書面警告一次，以資儆戒。

查延平支店之設立，事先未得總處之同意，以經營福州一處之人力，兼辦延平支店，以致人力分散，造成陳雲才同事代理負責延平支店的事實。顧一凡同事對於人力分配未能適當，照顧延平支店未能週到，此次延平支店全部焚燬，顧一凡同事應負相當責任，惟延平支店之設立，實際上有營業的及作福州退步的價值，並非完全錯誤，故應從輕處分。予以書面勸告一次，以資儆戒

三、審查通過準社員如下：魯四年、濮光達、盧錦存、談春霓、祁保恒、黄孝平、共計六名。

臨時提議

一、王志萬同事工作上的錯誤問題；

二、本會核定調遣職工問題；

三、本會工作計劃問題。

議決：

一、據報告，王志萬同事在重慶分店營業科任職期內，對於工作的處理有遲緩疏忽之處，工作態度欠好，賬務上亦有疑點。特請總經理經理會同進行調查並將調查所得之材料整理後，向當事人提出詢問，最後提交本會處理。

二、依照社章之規定，本會有核定職工調遣之權。為求事實上的方便起見，除關於非重要職務者或有急迫性及秘密性者，仍在事先由總經理經理執行調遣，事後提交本會追認外，其餘任重要職務（如經理會計等）而無急迫性及秘密性者，應在事先提交本會核定後執行調遣之。

三、本會工作計劃，推定孫明心、莫志恒、邵公文三位起草後提交本會討論。

主席 鄒韜奮

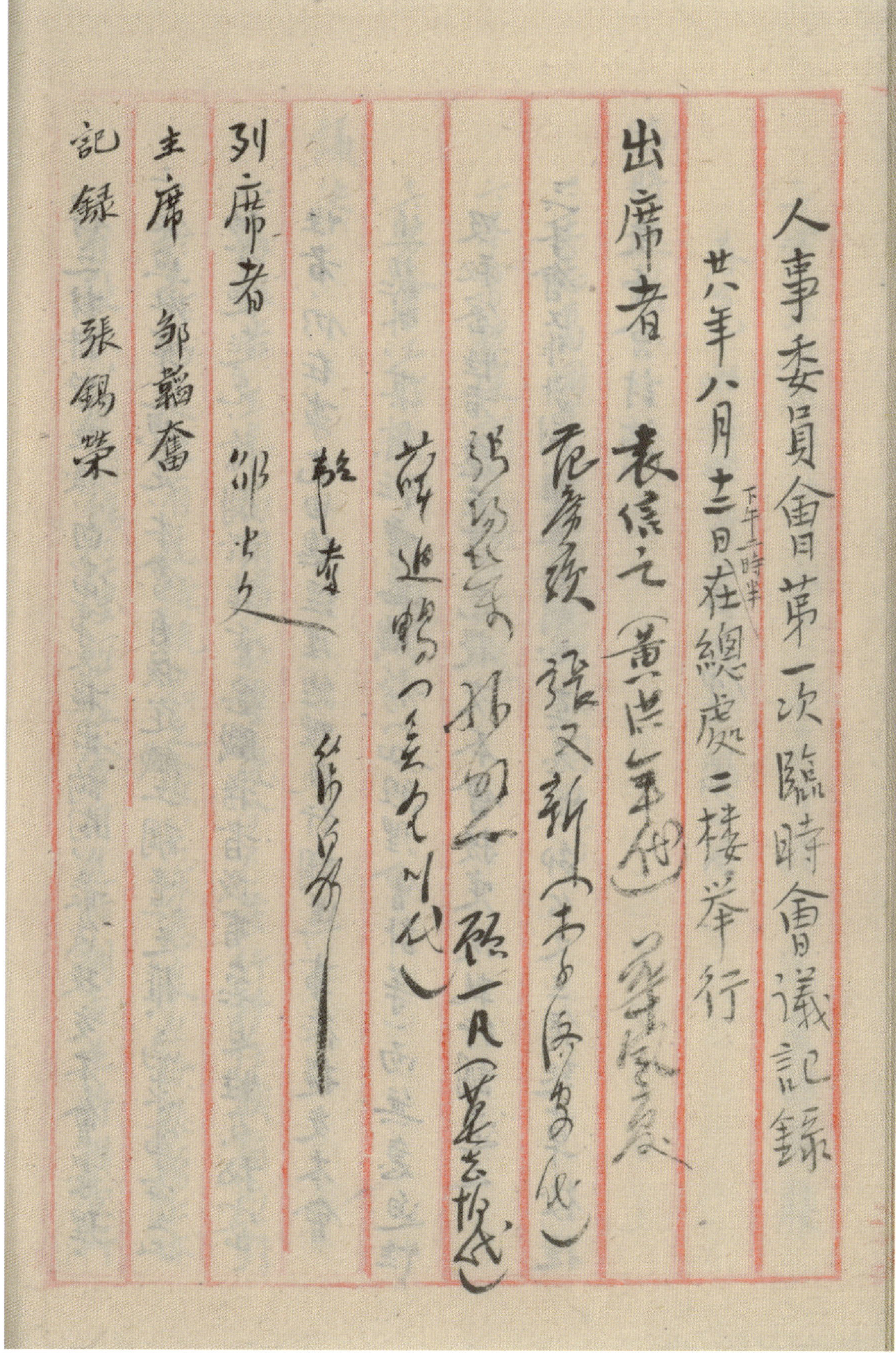

人事委員會第一次臨時會議記錄

卅六年八月十三日下午二時半在總處二樓舉行

出席者　袁信之（黃洪年代）　[illegible]

范秀琰　張文新（[illegible]代）

張錫榮　孫明心　[illegible]一凡（萬志揚代）

薛迪暢（[illegible]代）

列席者　邵公文　[illegible]　徐伯昕

主席　鄒韜奮

記錄　張錫榮

討論事項

一、審查準社員；

二、重慶分店孔東海復職問題；

三、沈志遠、廖庶謙加薪問題；

議決事項

一、審查通過準社員如下：龔清泉、雷瑞林、鍾達、崔金元、胡蘇、周遇春、荀志漢、徐士林、閻權林、楊玉照、姚廣元、蘇昌白、王信恒、馮一予、張國鈞、畢青、包士俊、汪允安、錢小柏、張世春、楊賡福、方鈞、張文星、戴紹鈞、曹建章、王煥洪、刘静波、沈志遠、柳湜、張知辛、閻宝航、沈茲九、沈雁冰、戴白桃、劉思慕、曹靖華。共計二十六名。

二、重慶分店孔東海同事，於七月間未曾請假，擅離職守，七月十七日本會第三次常會認為係自動離職，責成分店經理查究辦理移交手續。茲查當時孔東海同事因患病務急，回家調治，遺忘請假，並請其兄代為請假，被遺誤，顯係無意之過失行為。孔東海同事年歲較輕，任事未久，對於規章之嚴重性或有未明之處，情有可原，除准其復職外，对於忽視規章之部份，應予以書面警告一次，以資懲戒。

三、沈志遠先生自本年七月份起加薪弍拾元，廖庶謙先生自本年七月份起加薪三十元。

主席 韜奮

人事委員會第五次常會記錄

廿六年八月廿四日在總處二樓举行

出席者 孫明心 顧一凡（黃志恒代） [illegible] 袁信之（王易平代） [illegible]（[illegible]代） [illegible]（[illegible]代） 徐伯昕 [illegible] [illegible] 艾寒松

主席 鄒韜奮

記録 張錫榮

徐伯昕先生報告

一、廣州灣章長庚（職員）進店，總處江德全（工友）進店。二、衡陽劉遂工作成績不佳，停止試用；香港李福安自動離職；贛州熊金榮、沈勤南工作成績不佳，終止職務；贛州萬均、刘西庚工作成績不佳，停止試用。三、天水閻振業出獄後調蘭州；桂林畢子芳、黃寶興、薛天鶴調赴曲江流動；桂林洪俊濤、唐星之調赴肇慶流動；宜昌趙志成、魯昌年調渝；萬縣戴佑鈞調渝，樂山張文星調蓉。四、總處閔適因生產給假二個月。

討論事項：

一、同人接眷旅費津貼問題；

二、戰時生活費津貼問題；

三、金偉民請假問題。

議決事項：

一、同人接眷旅費津貼辦法原則如下：(一)限服務期滿一年以上者享受；(二)眷屬以夫、妻及子、女為限；(三)全部津貼，惟以三等車船票為限，旅費津貼至多以眷屬三人為限；(四)事先須申請登記，申明服務開始日期，擬接眷屬人數、路程、旅費總數、生活安排預算等外並須經第三者之証明；(五)按照本店經濟担負情形，至遲在申請後一年內批准之。依照上列五項原則，另由總務部起草試行辦法。

二、幣制變動後，內地物價騰貴，生活程度高漲，同人生活更為艱苦。此事應一方面從上年度本店營業决算中研究本店經濟負担的實際能力，二方面調查各地同人除膳宿外，個人生活必需最低限度之費用，及家庭負担情形，務使在本店經濟能力所許可範圍內，尽量顧到每個同人個人的最低限度生活及相當顧到其家屬的負担。

三、金偉民同事於本年三月间任職沅陵分店時，曾致函總處，云因患胃病，拟請假回鄉休息。總處以當時沅店人手缺少，為避免影响業務計，請其在代理人未到沅陵以前，暫勿離店。後接其來電，謂因恐浙贛路中斷，已於三月十七日啟程回鄉，此種行為，對於店規及總處指示顯有忽視之處，為求處理週到起見，應向各方面進行調查，待材料充分，再行議處，

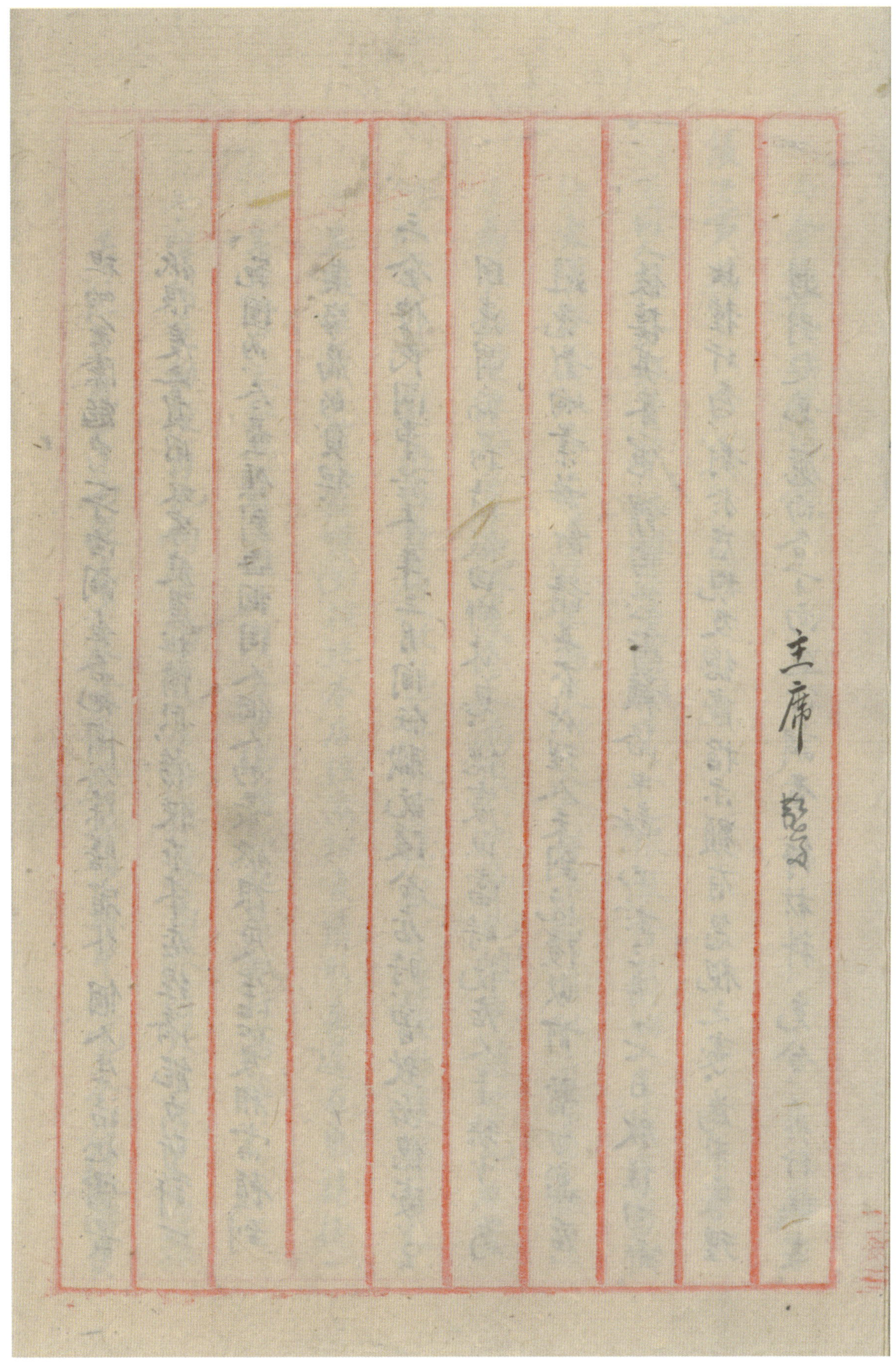

主席

生活出版合作社

第五届人事委员会会议记录（第二册）

第五屆人事委員會会議記錄

第二册

生活出版合作社人事委員會常務理事會联席會議紀錄

日期　二十八年八月二十九日下午四時

地點　重慶学田湾総處二樓

出席者　鄒韜奮　[illegible]　李濟安

袁信之（[illegible]代）　王永德

[illegible]　張一凡（[illegible]代）　孫明心

徐伯昕　艾寒松　薛迪暢（代會計）

張錫榮

主席 鄒韜奮
記錄 張錫榮
主席報告：
自幣制變動後，内地物价迅速高漲，同人生活更形艱苦，此事関係同人工作情緒及生活上的实際困难，人事委員会已予嚴重注意。今天举行人委会、常務理事会聯席会議，要討論的就是這個问題。人委会对於今後加薪，擬依據上期決算中盈餘之百分之廿作為加薪總額的標準，以便随事業之發達而不斷提高待遇，此点尚在研究中。其次，不論生活程度如何高漲，同人最低限度的生活，必須予以顧到。除首先顧到本人最低生活外，其次亦應能否相当顾到夫妻子女的生活，再其次考虑能否相当顾到父母的生活，最后考虑能否提高個人生活水準。関於這点，經研究結果如下：

一、個人除膳宿制服費外，最低生活費用

冬季襯衣褲	每年二套	十六元
夏季襯衣褲	每年三套	十五元
汗背心	〃 三件	三元
襪子	〃 十二双	七元二角
布鞋子	〃 十二双	廿四元
毛巾	〃 六條	三元

牙刷	每年四把	二元
牙膏	〃三枝	二元一角
肥皂	〃四塊	二元五角
理髮	〃十二次	六元
洗衣費	〃	廿四元
信封箋及郵票	〃	五元
生活必讀書	〃	五元
車費	〃	廿四元

平均每月須十二元

(二)家庭最低生活費用

成人一人　每月须四十元

小孩一人　每月须十元

读书小孩一人　每月须十五元

以上系依据重庆最近物价情形。其他各地有较高或较低者，须待调查。依照第一项所列计算，本店目前有月薪不满十二元者计六十名，如决定津贴，须贴二百十九元。依照第二项所列计算，本店目前有家庭妻小负担而不够支出者计五十名，如决定全数津贴，须贴一千五百元，如决定酌量津贴，即月薪在七十元以下，已结婚者贴五元，一子贴三元，二子贴二元，至多贴十元之办法，须贴三百六十五元。此系同人方面最低限度的需要情形。至根据本店经济担负的实际能力，予以參考。關於本店經濟情形，由徐伯昕先生報告。

徐伯昕先生報告　茲將廿七年半年及廿八年上期本店總的經濟材料列下：

（一）廿七年半年

銷貨收益　四四六、二二二·八九

各項開支　九三、一九一·三五

（二）廿八年上期預算

銷貨收益　五三〇、四九八·二〇

各項開支　一一七、九〇〇·〇〇

（三）廿八年上期決算（因各店報告尚未齊，此係擬定數）

銷貨收益　四五六、九九五・四四

各項開支　一二三、三三二・五二

從上列數字，可以看出本年上期銷貨較廿七年半年約增一萬，而開支較廿七年半年約增三萬。本年上期決算銷貨，較預算約減八萬，而開支較預算約增一萬。由此可知書店經濟負担之困難。

主席繼續報告：

從具体數字的比較中，可以知道本店經濟負担之困難。但對於同人最低限度的生活，即使在整個經濟十分困難的情况下，也应該予以顧到。所述廿八年上期營業衰落的情形，係由於政治上受打擊而迄今尚未合理解决所致，不能由此得出結論，認為前途黑暗毫無办法。此外，因物價高漲，造貨急迫，亦為使資金流轉困難原因之一。目前對於薪水問題之解決感到困難，係暫時性質，並非永遠如此。

此次所決定的津貼辦法，應該僅僅是渡過難關的臨時辦法。

討論事項：

一、戰時津貼問題。

議決事項：

一、幣制變動後，內地物價高漲，同人生活更形艱苦。經研究本社整個經濟情形之結果，廿八年上期（一月至六月）決算，銷貨未達預算額約八萬元，而開支超過預算額約乙萬元，本期決算與廿七年半年決算比較，銷貨增加約一萬元，而開支增加約三萬元。又印刷材料價稍高些，造貨急迫，更加深資金流轉上的困难。依据此項情形，薪水未能再增。但为照顧同人生活上的實際困难起見，对於一部份生活最困苦的同人，必須予以維持最低限度的生活。决定办法如下：

第一，根据研究個人最低生活享用及調查目前重慶物價之結果，個人除膳宿制服费外，每月最低限度生活费需十二元。據此，重慶同人薪水在十二元以下者，一律貼足十二元。其他各地同人，应按照個人最低生活享用標準及当地物價情形，擬定最低限度生活费數額，經人事委員会核准，予以貼足。

第二，凡月薪在三十元以下，已結婚而对方無職業者，每月津貼十元。月薪在三十元以上四十元以下，已结婚而对方无職業者，贴足四十元，（如三十一元贴九元，三十二元贴八元，……三十九元贴一元）上列两項津贴办法，名曰"戰时临时津贴"，適用时期自廿八年九月起至廿八年十二月止。

六、当此戰时物价高漲生活艱苦之時，本店对於同人待遇未能普遍提高，乃由於營業上遭受特種損失所致，而戰時在内地經營出版事業，獲利之微薄遠非他業可比。凡此两端，須向同人解釋，以鞏固同人对於本店事業的熱心。此外，関於薪水问題，須即依據戰時物价及社会情况作一個澈底的研究，擬定充分合理之標準办法，以備營業好轉時隨時依照办法調整之。

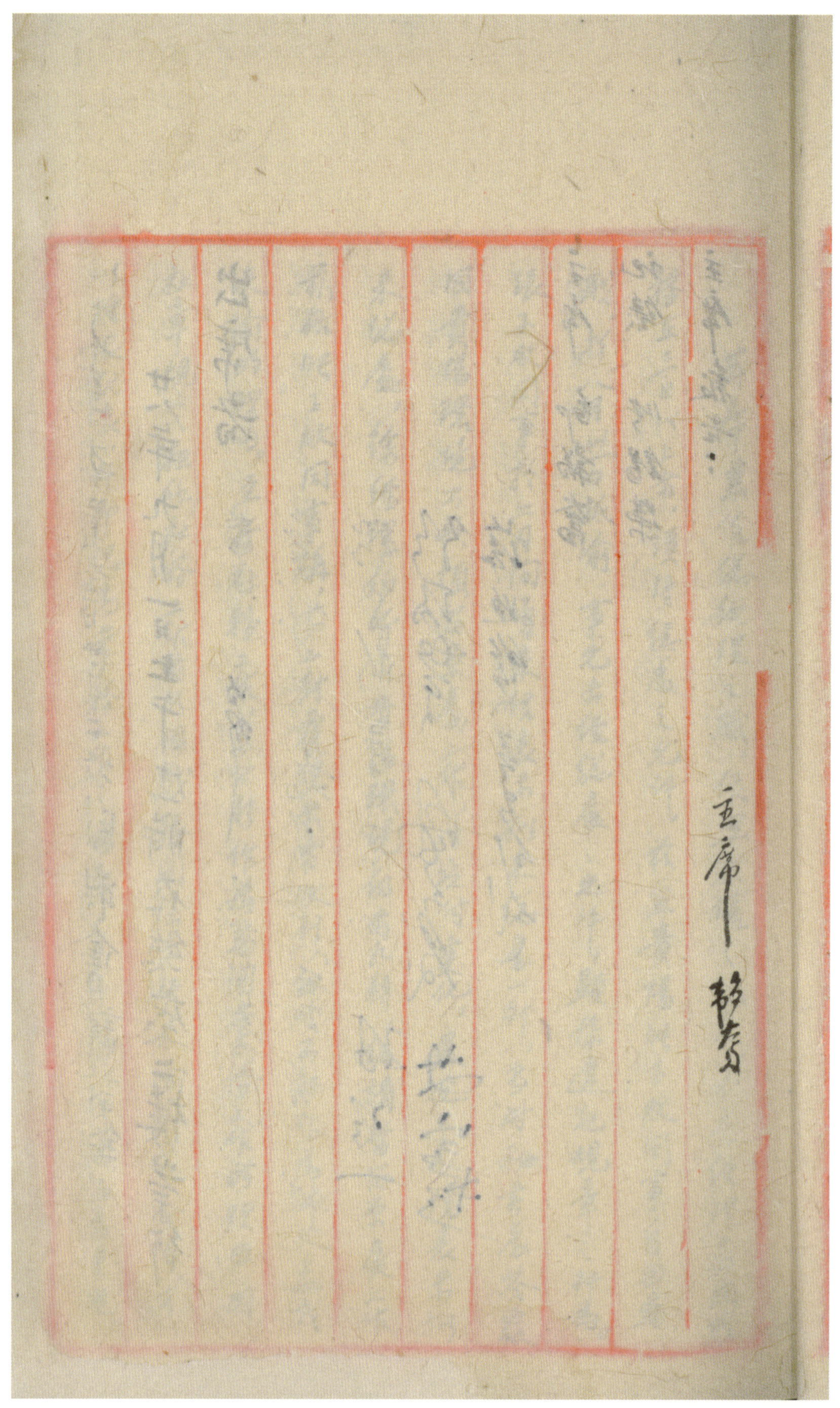
主席　韬奋

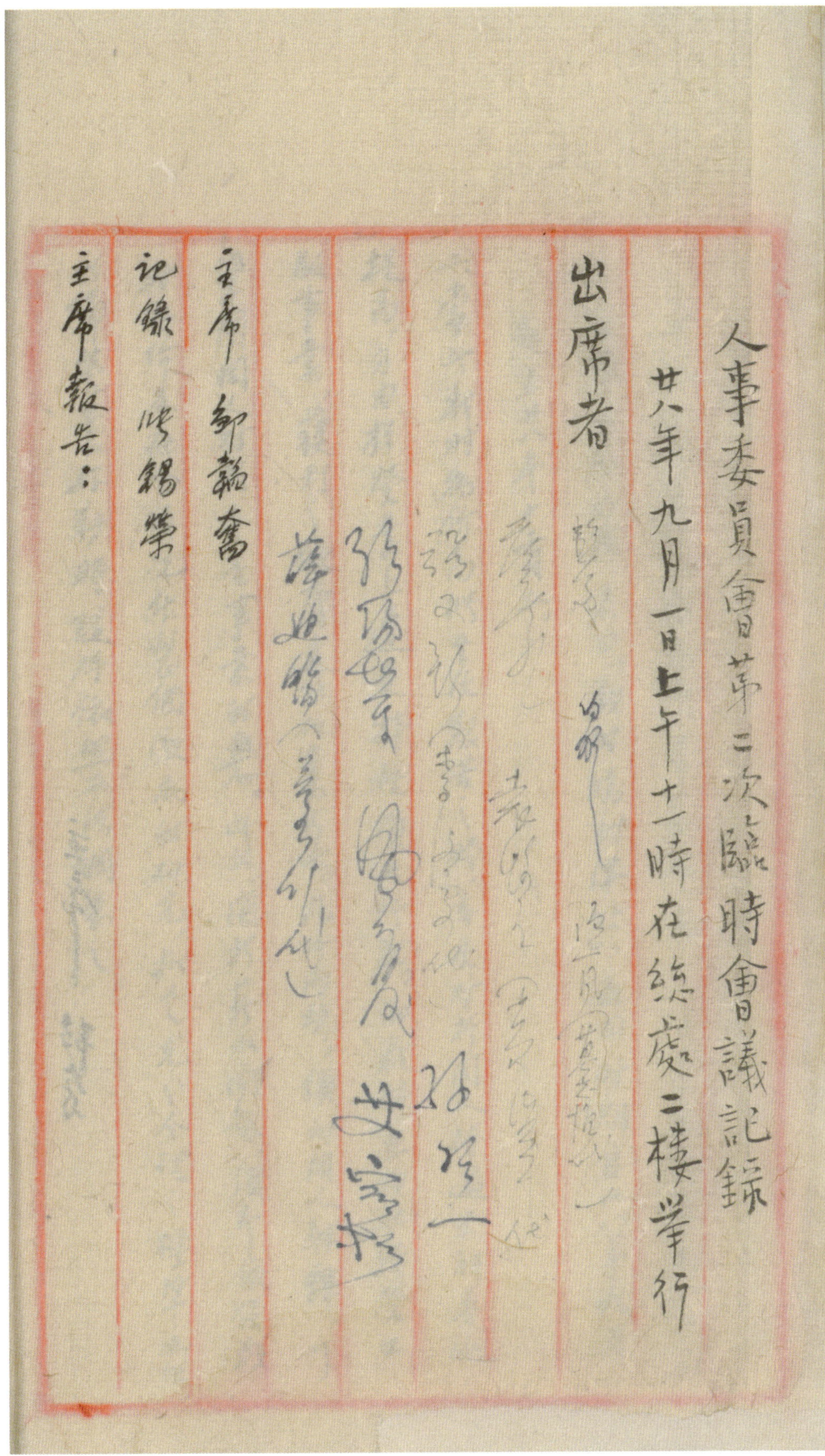

人事委員會第二次臨時會議記錄

廿六年九月一日上午十一時在總處二樓舉行

出席者

[illegible]

主席 鄒韜奮

記錄 [illegible]錫榮

主席報告：

本席兼任總經理之職，依照職權之規定，分店經理離開職務在三日以上者，須得總處之允許。茲查貴陽分店同事自由離職，於八月廿日抵渝，事先未經總處之允許，顯係違犯規章之行為。張子敏同事於六月間曾來信表示擬來總處一行，當時秘書處答覆因貴陽環境不好，須留原處工作，以應付變化。最近又來信表示擬來總處，徐經理仍以貴陽環境仍未好轉，仍請暫留原處工作。茲據張子敏同事稱，第二封覆信未曾收到，但此不能作為此次離職來渝的理由。至於社務工作，尤不能作為離開業務工作的理由，因社章規定之擔任社務工作者，為因職務關係未能來渝出席會議，可以推派代表，此即說明業務工作之重要。本席對於職權極為重視，此次張子旼同事未遵總處指示，擅離職守來渝，係忽視總經理之職權，此事本席不能予以負責。本席業已向常務理事會主席提出請假書，在未將張子旼同事犯規行為糾正以前，擬暫行中止執行總經理職務。此事係由本席提議，為求討論之方便起見，本席暫行退席。

推臨時主席：

公推徐伯昕先生為臨時主席。

臨時主席報告：

貴陽張子旼同事離開職守，已於八月廿日抵渝。事先兩次來信表示擬來渝一行，總處以應付當地環境需要熟練人員，而業務甚為重要，請其暫留原處工作。來渝後已談關於人事及營業事務，信函往來均可解決，並無專事來渝接洽之必要。鄒總經理韜奮認為此事有違民主集中的管理原則，已因此向理事會提出請假書等候本案處決。

討論事項：

一、貴陽張子敗同事自由離職來渝問題。

議決事項：

一、張子敗同事任貴陽分店職務，於八月廿八日自由離開職守來渝，事先曾兩次來信表示擬來渝一行，但總處以貴陽分店業務甚為重要，未予准許，鄒總經理韜奮認為張子敗同事此種行為，係違反民主集中之管理原則，忽視總經理之指示，應予糾正。並為保持總經理職權之尊嚴起見，表示對此事不能負責，已向常務理事會主席提出請假書，等候本案之處決。查職員有犯規之行為，可按照服務規程之規定，予以適當之處分，過去處理類似案件不無前例。此次對於張子敏同事之犯規行為，經提出後，自應按照規定議處，據此，仰總經理以提出請假書等候處決，實無必要。為增進本店整個事業的利益起見，議決處理步驟如下：一、由理事會主席請仰總經理收回請假書，並解釋依據規章處理之理由；二、張子敏同事既來總處，准其辦理完畢所有一切公務，盡速返筑；三、待張子敏同事公畢後，按照其條情形及規章之規定，予以適當之處分，以資懲戒。

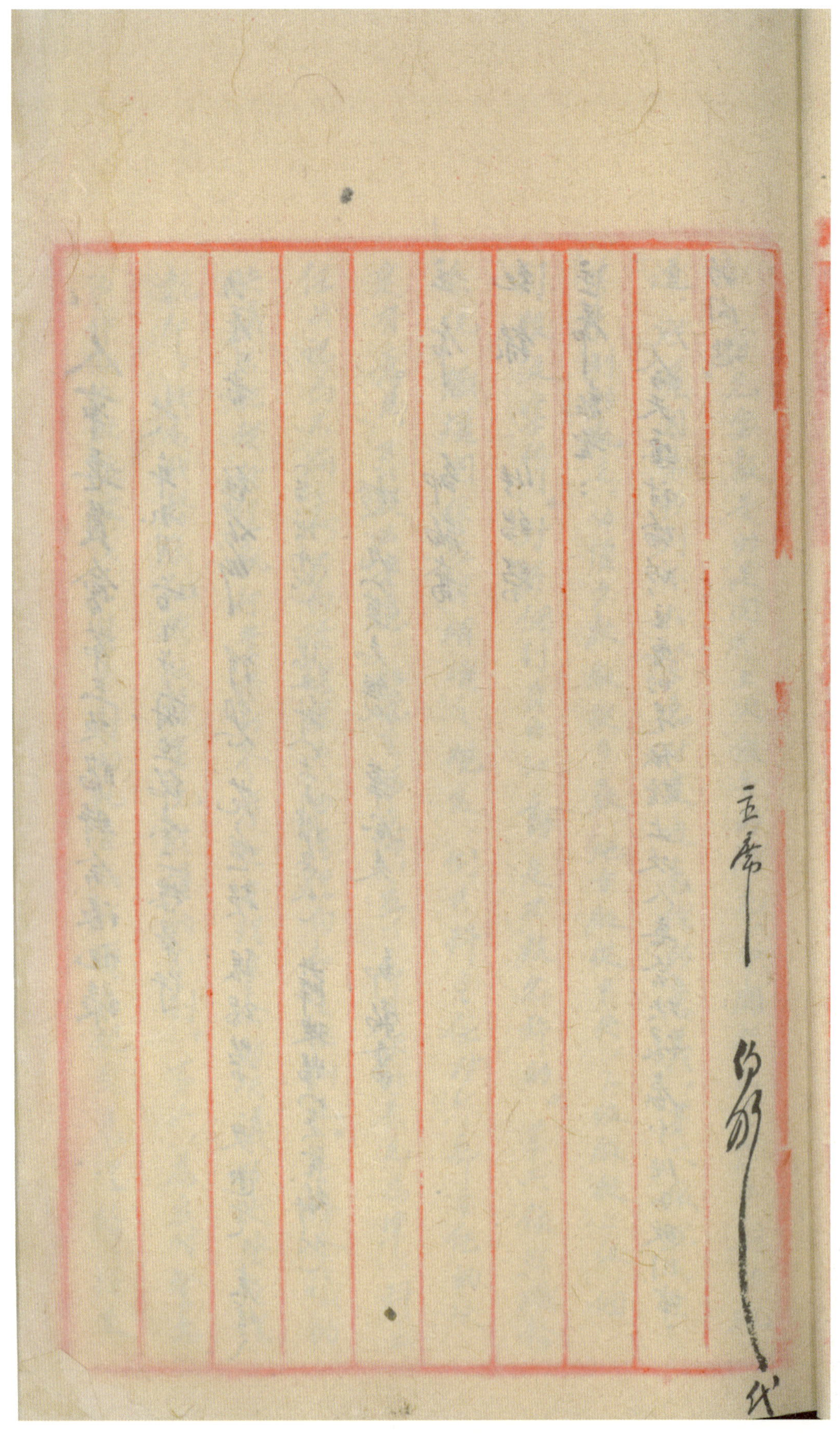

主席 伯昕代

人事委員會第三次臨時會議記錄

廿八年九月十日下午三時在總處二樓舉行

出席者　徐伯昕　孫明心　范廣楨　張錫榮　艾逖生　袁信之

（黄洪年代）　張又新（李濟安代）　薛迪暢（吳全衡代）

顧一凡（莫志恒代）　華風夏　鄒韜奮

主席　鄒韜奮

紀錄　張錫榮

主席報告：

今天要討論的，主要的是依據上次人委會決議處分張子敢同事的問題。

首先要報告的是関於上次報告的補充，即関於民主集中制的軌道，職權関係的划分和緊急时変通處理的意義。第一、依照民主集中制的軌道，如須少数服從多数，地方服從中央，下級服從上級，個别服從集体。对於個别自由行動是不被允許的。第二、依照職務系统，職權関係应有明確之規定，例如科主任对於部主任的决定有意見，可以提出來商，如发生爭论，应以部主任的意見為準；科主任如認為不滿意，可向經理提出，由經理向部主任糾正。事務会議的決議只能供經理執行業務的參考，不若理事会的决議可交與經理執行，此為職務系统與社務系统職權的划分。第三、為应付緊急事件而未能依照民主集中制的軌道和職權之規定處理時，得變通办法，自由處理，但必須因時間上的急迫性未及依照常態處理，或依照常態處理顯然失効的情況下，方才能承認採用變通办法為合理的處置。

其次，本席对於上次本会関於張子敗同事犯規案的决議認為是公正的。第一，本席業已接受公意取消請假；第二，張子敗同事去办畢公務後早日回任；第三，處分務求公平與合理，須根據事实对於缺点優点作客觀之考慮。本席認為張子敗同事未待總處允許自動來渝是錯誤的，而主持貴陽分店努力，成績良好，是其優点。分析其过失情節的輕重，似可予以書面勸告或警告。無論給予較輕或較重之懲戒，應該指出其優点，說明此次过失之事实和必須懲戒的理由，並勉勵其以後的努力，以免影響被懲戒者之工作情緒。

徐伯昕先生報告：

渝分販同事此次來渝接洽關於總店人事、進貨、發行、營業、社務、建立監察制、同人待遇、存貨變現金、盈餘分配、建立經濟委員会、改善会計制度等問題。綜觀此項問題，均可事先用信函解決，或先作初步之接洽，並未包含充分之急迫性。因此，渝分販同事此次來渝未能認為有合於變通辦法之理由。

討論事項：

一、貴陽分販同事犯規案；

二、推選代理主席案；

三、應否改變工作時間問題。

議決事項：

一、陳子敏同事任職貴陽分店經理，於廿八年八月廿八日自由離開職守往重慶。事先曾兩次致函總處，表示擬往重慶一行，以資面洽公務，但總處以貴陽分店業務甚為重要，處境困難，需要分店經理親自應付可能發生之變化，未予准許離開職守。而陳子敏同事忽視總處之指示，自由行動，實與民主集中管理之原則相抵觸。且照本店服務規程第十一條之規定：「經理因事請假，須於事前將應行店務託付其他職員妥為代理，如假期在三日以上者，須經總經理之核定」。陳子敏同事此次離開職守，對於規章之精神亦有違反。

依據民主集中制的原則，如遇有急迫性之緊急事件，未及依照往常之軌道和職權之規定處理時，得變通方法自由處理。但查陆子敗同事此次來總處接洽圖書業務、人事、社務等事項，均可事先用信函作初步之接洽或完全可用信函解決者，未包含充分之急迫性。因此，未能認為有變通辦理之理由。為保持職權之明確與規章之精神起見，應予書面勸告一次，以示懲戒。

二、本會主席鄒韜奮先生出席參政會開會期內，無暇兼顧本會會務，暫停主席職務，應予照准。公推徐伯昕先生代理主席。

三、敵機夜襲，本店同人因避警報，精神疲憊，難以應付次日工作。

兹决定改善办法如下：(一)警报在午夜十二時前解除者，次日照常八時起办公；(二)警报在午夜一時解除者，日間改上午九時起办公；(三)警报在午夜二时解除者，日間改上午十时起办公；(四)警报在晨三时解除者，日間上午不办公，下午增加工作时間一小时；(五)警报在晨四時解除者，日間上午不办公，下午照常办公。此办法在總處適用。各分支店根據此項办法配合当地具体情形引用之，惟以不变動对外營業时間為限。

主席 韬奮

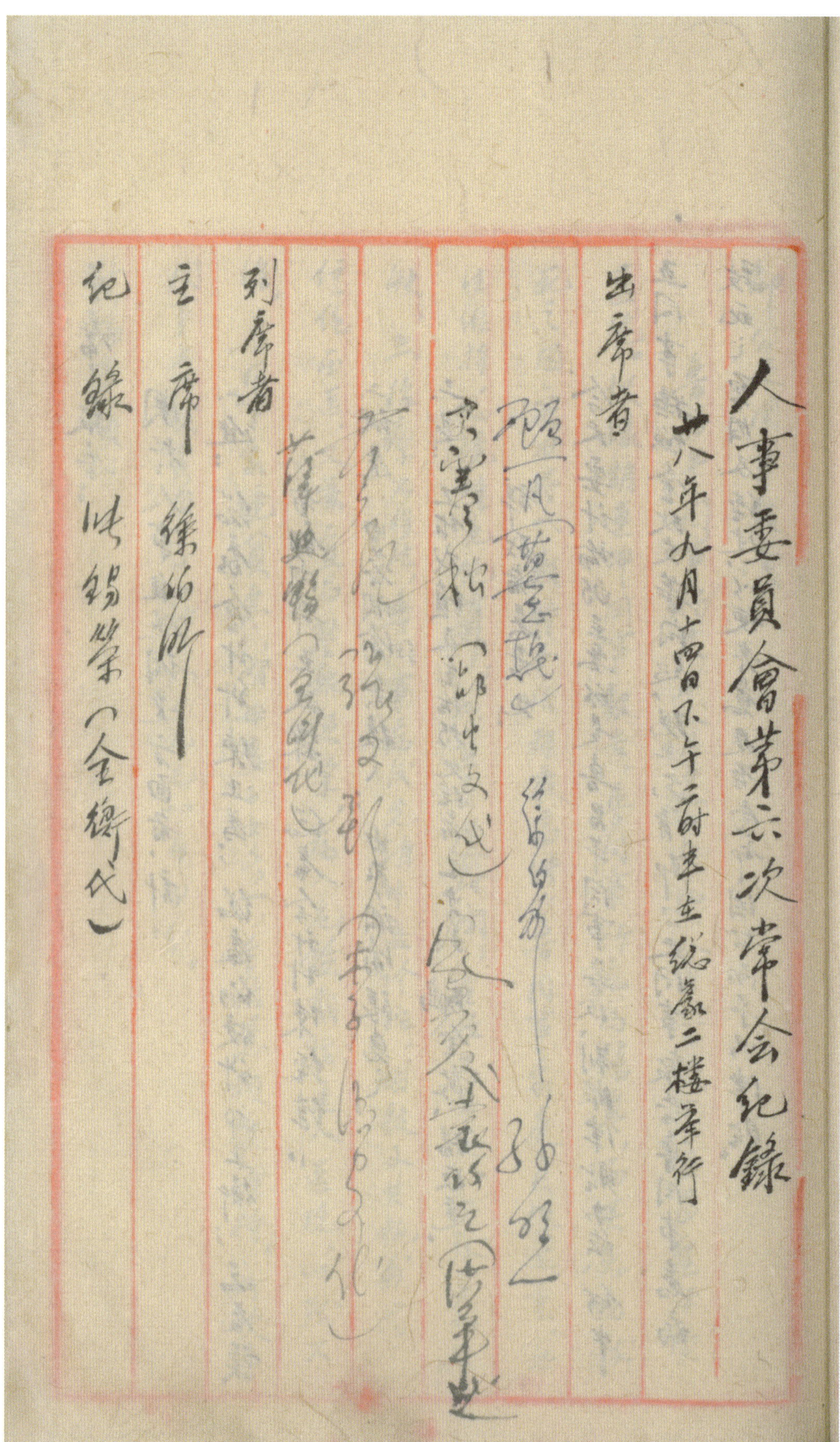

人事委員會第六次常会紀錄

廿八年九月十四日下午二時在總處二樓舉行

出席者

張一凡　黄寶珣　徐伯昕　孫明心

艾寒松（邵公文代）　[illegible]（[illegible]代）

[illegible]（[illegible]代）

薛迪暢（王[illegible]代）

列席者

主席　徐伯昕

紀錄　陳錫麟（全衡代）

主席報告：

關於人事進退調遣方面者，計：

一、進：總處會計科陳正為；總處編校科邱正衡；總處讀者顧問部王啟霖；總處會計科陳經緯。

二、調遣：由蓉調渝吳積之；由蓉調渝張惠之。

三、退：工作成績及生活均欠佳者王步武、鄒金銘、楊敬達。

辭職者吳君先。

今天要討論的主要的是魯昌年同事善後、制服津貼辦法、任中五同事撫恤金發支等問題，現在先請鄒公文同事報告魯同事患病致死之原因及經過，以便考慮是否為部因公而予以津貼。

邵公文同事報告、

鲁昌年同事於廿八年八月廿日起病，八月廿日殁於宜昌聖母堂医院。根據胡連坤同事報告，鲁同事所病為傷寒，而其患病致死之因实由於：一、戰時生活程度高漲，鲁同事家庭負担过重，無法維持，心境难免抑鬱；二、宜店遭封閉，生活不安定，以致身心不快；三、治療不得法，鲁同事病后先請中医診治，因彼及其親戚均不信任西医，又兼宜昌警報頻繁，病入危險期始送入医院，以致不治。鲁同事家境貧寒，有母妻子女各一，生活悉賴彼維持。此次鲁同事喪殮費用共计八十九元八角四分。

討論事項：

一、魯昌年同事善後問題；

二、制服津貼辦法問題；

三、何生五同事撫恤金改支問題，

四、接眷旅費津貼辦法問題；

五、衛處提出主任療養期間之膳費可否移入醫藥費問題；

六、總處自治會提出修改薪水限制的津貼問題。

議決事項：

一、魯昌年同事之善後問題，根據郁文同事之報告，認為局部因公之理由不夠充分，且不能與史鶴欽同事之情形相比擬，應請胡連坤同事再作具詳盡之報告，以能判斷其是否為局部因公而確定津貼办法。

二、通过生活書店工作人員穿着制服暫行办法。

生活書店工作人員穿着制服暫行办法

一、本店工作人員，在办公时間，除門市工作人員須一律穿着制服外，其他各部份工作人員亦得穿着制服。

二、制服種類，規定下列三種：

甲、冬季一律穿着全身黑色夾制服；

乙、春秋兩季，一律穿着全身灰色單制服；

丙、夏季一律穿着白色長制褲（襯衫自備）。

三、制服規定採用学生裝式，女裝亦得採用旗袍式，衣料為國貨斜頒布。

四、制服費由本店津貼，薪水二十四元以内者，完全供給；三十元以内者，每套津貼三分之二；三十元以上者，每套津貼二分之一。

五、夏季制服費至多不得超過十元，秋季制服至多不得超過十二元，冬季制服費至多不得超過十五元。

六、制服費如有超出上條規定者，超出之數由本人負擔。

七、各季制服，每套至少使用二年。

八、本辦法由人事委員會通過後施行之。

附則：以前所製之制服，應照本辦法第七條之規定辦理。

三、何中五同事係萬店被燬时因公致死者，其遺族应得之撫恤金原由萬店按月支付，今何同事家屬因萬店收歇申請改变支付办法，应予变通办理改半年一支取一次。

四、通过接眷旅费津贴办法。

接眷旅费津贴办法：

一、凡本店同人服務満一年以上，眷屬不在一地而欲接至工作地点者，可以援用本办法。

二、所接眷屬以夫、妻、子、女為限。

三、每人至多享領三個人之津貼。（本人不在此限）

四、此項旅费由本店全部津貼，惟車船票以三等為限。

五、凡擬接眷者，須預先向人事委員會填表申請登記，

六、申請接眷登記表上應由各部科分店負責人或自治會幹事証明。

七、本店為避免突然增加鉅額津貼計，接眷時期得由人事委員會分配規定，但至久不得超過申請後一年。

八、人事委員會在接得登記表後，如有疑問得拒絕其申請。

九、本辦法由人事委員會通過後施行之。

十、本辦法得隨時由人事委員會修正之。

五、同人疾病，照章可享受醫藥費津貼及住院津貼，但同人請

病假期内，不在店中膳食，应作自动放弃权利论，其自备膳食费用，不得作为医药费支取。

六、本店规定之同人疾病死亡津贴办法，规定薪水在伍十元以上者须受限制，此与同人福利应普遍享受的原则有不合之处，应予修正，取消限制。至房贴与医药津贴性质不同，限于已结婚、眷属同在一地，而本人不住宿舍内者方得享受。

主席 徐伯昕（代）

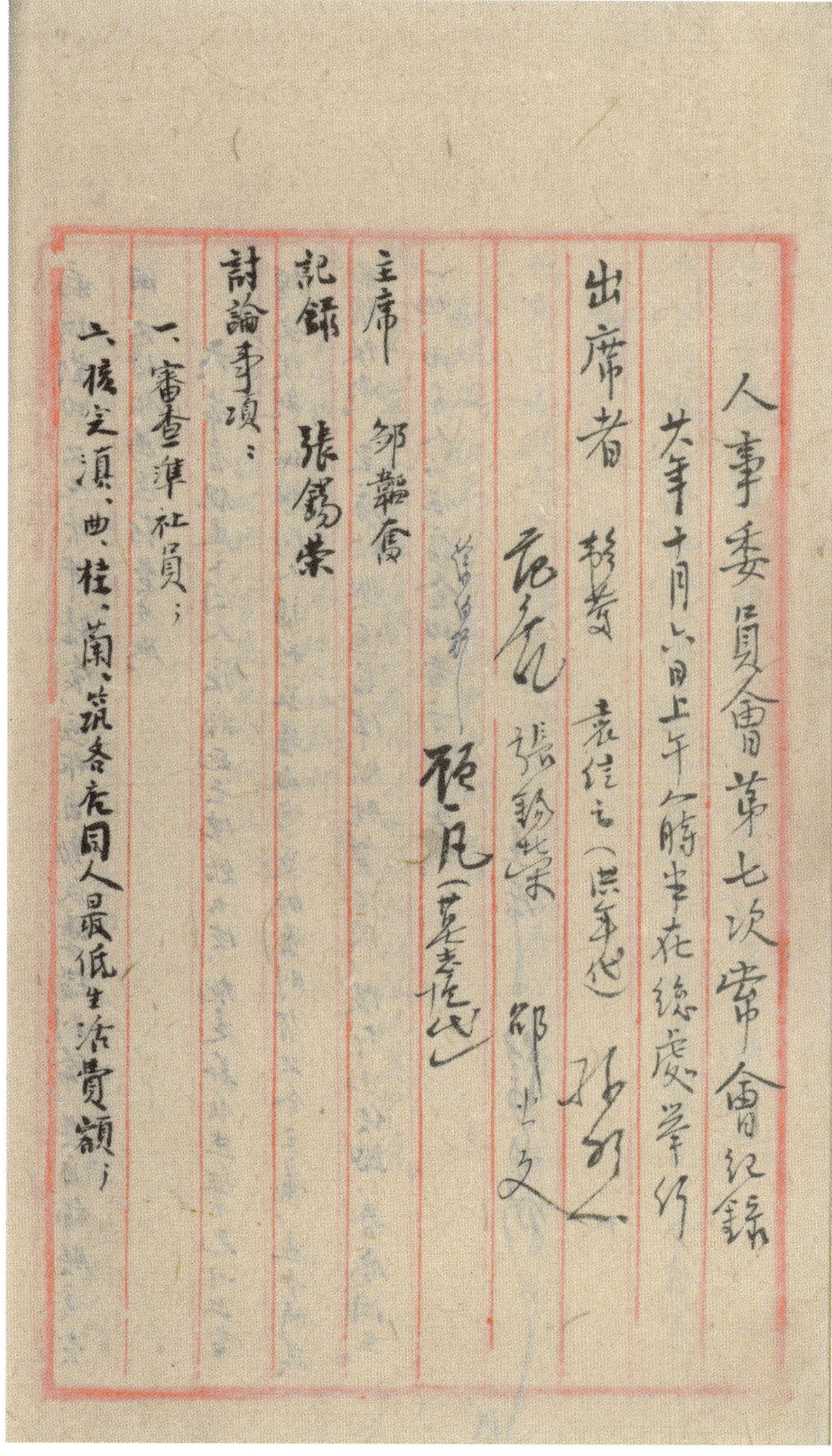

人事委員會第七次常會紀錄

卅年十月六日上午九時半在總處舉行

出席者 韜奮 袁信之（洪年代） 孫明心

[illegible] 張錫榮 邵公文

徐伯昕 顧凡（莫志恒代）

主席 鄒韜奮

記錄 張錫榮

討論事項：

一、審查準社員；

二、核定滇、曲、桂、蘭、筑各處同人最低生活費額；

三、通過服務規程約；

四、通過海外分店同人支薪辦法；

五、通過自治會經費額；

六、延平顧一凡辭人事委員職務問題；

七、艾逖生請求在港支取薪水問題；

八、方學武賠償銀錢問題；

九、繼家桂奕仙請假問題；

十、蓉店人事問題；

十一、取消丙種儲金問題；

十二、渝店黄杰犯規案；

十三、張洪濤犯規案申訴問題；

十四、孟漢臣對於犯規案提出新的反証材料問題；

十五、馮成就獎勵案；

議決事項：

一、通過王産元、賀承先、馮霜南為準社員，提交理事会審查，何庭福工作成績欠佳，待下屆重行審查。

二、根據調查目前各該地物價情形，核定下列各分店同人最低生活費額如下：昆明十四元，曲江十元，桂林十一元，蘭州十二元。貴陽調查表内容尚有疑問，且手續欠缺，應重行調查。

三、通過服務規約如下：

生活書店員工服務規約（二八年十月六日人事委員會通过）

第一章　總則

第一條　本店員工均須遵守本規約。

第二條　本店員工除應遵守本規約內所列事項外，其他一切本店之章則及通告等，均應遵守。

第二章　規則

第三條　各員工在到店服務前，應覓妥實之保證人，並填具保證書。又本店認為有更換保證人之必要時，應即另覓。但如經本店同意，亦得由本店服務二年以上之員工三人聯保之。

第四條　各級負責人對各有關之員工，負有指導及督察之責。如各員工認為負責人之指導及督察有不合理時，得報告上級負責人或人事委員會裁決之。但在未裁決前仍應遵照執行。

第五条　各員工應服從本店之調遣，不得無故推諉或拒絕。如認為調遣不當而有充分理由時，得申請人事委員會裁決之。

第六条　各員工應遵守本店工作時間，不得無故曠工或遲到早退。

第七条　各員工如因公出外，應將事由在簽到簿上登記，並向有關之負責人報告。但其工作性質須經常出外者，如得負責人同意後，亦得可免予登記。

第八条　各員工如因事請假一天以上者，應填具請假單，經有閱之負責人同意並經經理核准。倘假期已滿尚未畢事者，亦得續假。但遇店务繁忙，而假單內所開事由在負責人或經理認為無請假或續假之必要時，得予拒絕。凡請假未經核定，自由離開職守者作無故曠工論。

第九条 各區管理處主任或各分店經理因事請假或公出，須於事前將職务委托其他職員代理。其假期或公出期在三天以上者，須經總經理核定。但遇有特殊情形，不及事先核定時，得於事後陳述理由，請求追認之。

第十条 各員工服务應勤慎忠誠，對顧客及來賓接洽事务均須竭誠應付，不得有厭煩、傲慢、怠忽等情形事。

第十一条　各員工在工作時間內，不得有辦理私事、購食零物，閱讀書報（因公查閱書報者不在此限）或嬉戲、戲謔、謾罵，任意離開職守及妨礙他人工作等情事。

第十二条　各員工不得有損害本店名譽、營業或財產情事。

第十三条　各員工不得兼營與本店同樣性質之營業或兼任与本店同樣性質營業机關之工作。

第十四条　各員工不得兼任他家有酬報之職务，但遇有特殊情形得經經理或人事委員會之許可者，不在此限。

第十五条　各員工不得洩漏本店營業上或業务上之秘密。

第十六条　各員工对于本店一切物件均應隨時愛護，不得任意損坏及浪费，私自赠送或携带出外。

第十七条　各员工应彼此充分合作，和衷共济，并应操守谨严，摒除不良恶习。

第十八条　各级负责人对各该有关员工之指导及督察均应秉公执行，如遇各员工有违背规章情事，应即据实报告上级负责人，不得徇私隐匿。各员工对各级负责人认为不称职时，亦得本事实报告经理、总经理或人事委员会。

第十九条　各员工对于与本身职务无关之各项文件，不得任意拆阅或翻阅。

第三章　奖励

第二十条　各员工有左列事实之一者，得随时酌量奖励之：

一、办事成绩优良而富责任心者；

二、改进对于读者及其他往来关系有成效者；

三、改进办事程序及方法而着有成效者；

四、遇有损害本店之事，于事前发觉并报告因而得免损害或减轻损害者；

五、建议有利于本店之事项，经本店采纳施行者；

六、全年健康请病假不及一星期所用医药费未满五元者；

七、全年请假不满一星期者；

八、節省及愛惜公帑公物而有具体事实者；

九、经常参加店内同人自治会工作而着有成绩者；

十、其他应行奖励之事項。

第十三条 奖勵办法分左列各項：

一、記功；二、名誉奖勵；三、加薪；四、给予奖金；五、資助求學費用；六、特别给假休息。

第十四条 凡应奖勵之員工由各级負責人将受奖事实及拟定奖勵办法，报告總经理后由人事委员会核准。

第四章 懲戒

第十五条 凡員工違犯第二章第四条至第九条之規定有左列事

事實之一者，得隨時按情節輕重酌量懲戒之（懲戒細則另訂）：

一、營私舞弊、侵用銀錢者；

二、擅離職守或無故曠工者；

三、在本店規定工作時間內办理私人事件及以公物作私用或浪費及損毀公物者；

四、在工作時間內擅自召開不屬於本店規定之会議者；

五、工作成績惡劣者；

六、有擾亂本店安寧秩序或妨碍本店公共衛生者；

七、侮辱或兇毆同事讀者及他人者；

八、吸食鴉片或麻醉毒品及其他代用品者；

九、患花柳病者；

十、有賭博及酗酒行為者；

十一、在門市部或存書棧及堆積貨物處所吸煙者；

十二、在外肇事，經官廳判決有罪，未能在本店繼續執行職務者（因本店業務關係或因其他公私關係而蒙受冤抑者不在此限）；

十三、違反本規程及本店一切章程、規則、通告者；

十四、其他應行懲戒之事項。

第廿條 懲戒辦法，視情節輕重，分左列各項：

一、口頭劝告；二、書面劝告；三、警告；四、最後警告；

五、停職。

第十五条 凡應受懲戒之員工，由負責人將應行懲戒事實及擬定懲戒办法，一併報告總經理交由人事委員会核准。

第十六条 各員工所受獎勵或懲戒如有情節相同及輕重相等者，得將以前所得之功过相抵或因功將以前所得之懲戒減輕之。如遇停職處分時，應檢查其全部服務勞績，以攷慮能否減輕懲戒。

第十七条 受懲戒之員工，在下列規定時期內未犯过失者，應取消其已得之懲戒：口頭劝告者半年以後，書面劝告者一年以後，警告者三年以後，最後警告者五年以後。

第五章 工作時间

第廿八条 本店工作時间，每日以七小時為原則。每日開始工作時应簽到。如有業务上或其他不得已之原因，得由負責人決定延長之。但暫時延長工作時间之状況，至多不得连續至超过下月，应由負責人調整之。

第廿九条 星期日全天休假，但门市照常營業，輪值工作，内部員工在星期日有工作之必要時，得由負責人決定之。

第卅条 星期日及例假日照常工作之員工，另給薪水。

第六章　假期

第卅条　本店假期除星期日例假外，另給年假五天（元旦二天，春假三天），五一勞動節一天，七七抗戰建國紀念日一天，雙十節一天。

第卅一条　在規定之假期內，如適逢星期日，應補假一天。

第卅二条　各員工薪水，按月十六日發給，不得透支或預借，但遇有特殊情形，必須透支或預借時，須經負責人許可。星期日及例假日照常工作之各員工，其另給薪水，至年終彙發。如有請假或遲到早退至一月中滿一天者（七小時）年終得照（扣薪水）。

第卅四条　每年每人各給特別休假三十六天（平均每月三天）年

職不滿一年者按月計薪，不滿一月之零數不計。不全年請假未滿三十六天者，得按照日數補給薪水。

第廿五條 各員工如因本人婚嫁得給假二星期，父母夫妻喪亡得給假十天，薪水照給。倘係居住外埠，所有往返日程，亦照給薪水。女員工在生產前後給假二月，薪水照給。

第廿六條 各員工如因疾病請假，按照「疾病津貼辦法」辦理之。

第廿七條 星期日給假，薪水照給，但連續請假期中，有一個星期日者，扣一個星期日，有三個星期日者扣兩個星期日，有四個星期日者，扣三個星期日，全月不到者，完全照扣。

第廿八條 各員工在本店服務每期滿五年，工作成績優良而未受懲戒者，得一次給予特別假三個月，假期起始日期則由人事委員會根據休假者之多寡及業務忙閒情形酌定。自願延緩休假或自願與第二次五年期滿後合併休假者聽之。

第七章　附則

第卅条　本規約經人事委員會通過後施行。

第卅一条　本規約如有未盡善事宜，得由人事委員會隨修之。

四、通過海外分店同人支薪辦法草案，分發香港、星洲二分店同人自治會討論，待提出修正意見後，本會再予考慮。草案原文如下：

生活書店海外分店同人支薪办法草案

一、凡香港、星洲等國外各地分支店同人支取薪水，在當地通用幣制價格高过國幣時，得適用本办法。

二、同人薪水在十五元以下者，一律照原薪額發給當地通用貨幣；在十五元以上者，其超过十五元之數發給國幣。

三、同人有妻室在當地同居而薪水在五十元以下者，一律照原薪額發給當地通用貨幣；在五十元以上者，其超过五十元之數發給國幣。

四、同人有妻室在當地同居，薪水在五十元以上而有子女一人者，得將其超过五十元之十五元亦發給當地通用貨幣；有子女一人以上者，照此類推。

五、应发国币部份之薪额，不因当地不使用国币，得将应发国币之数，按照当日汇兑价格折合当地通用货币发给。

六、本办法由人事委员会通过施行。

七、本办法如有未尽善处，由人事委员会修改之。

五、各分店同人自治会每月经费，包括茶话会费、书报费、娱乐费在内，依照分店人数多寡规定如下：五人以下七元，十人以下十元，二十人以下十五元，卅人以下二十元，卅人以上三十元。按照同人自治会组织条例之规定，由干事向本店按月领取报销之。

六、延平颜一凡同事因体弱，于九月十三日向本会提出辞去人事委员职务，查人委会系由社员大会直接选举产生，本会无权准许辞職。应予解释，並請继续担任。

七、文逖先同事在由渝赴港转沪途中，不慎被遺失衣箱一只，因此請求發給港幣薪水一月，以便在港補購日用物件。查文逖先同事並非調任港店工作，不能按照港店同人支薪办法支给港幣，应予解释。惟為帮助解决文逖先同事生活上的实際困难起見，特予通融預借國幣弍百元，分期按月扣還。

八、方學武同事於廿九年五月四日任職採处会计時，缺少現款弍十三元八角八分。因当晚重慶遭受大轟炸，匆促携走，难免遺失，請求將此項損失由本店負担。查本店对於銀錢收付保管之責任，特別嚴格重視，如在可能保全的情形下有遺失等情，不加追究，則無法嚴窃銀錢之發現，將使本店蒙受無限的損失。對于方學武同事提出的三項理由，應予以解釋如下：(一)五日晚上當時雖極匆促，但並未達到無法保全銀錢的程度，且事後情形即較平靜，有可能細事檢點。(二)出納負保管銀錢均係上鎖，別人不能觸動，如有缺少，自應負完全賠償責任，不能與市面缺少書籍相提並論。(三)萬縣、南平分店曾被燬，賬冊錢銀不能取出，此係人力無可挽回之事；而冉家巷總處當時僅受驚恐，並未焚燬，情形不同。據此，仍應由方學武同事負責賠償。

九、總發編校科桂延仙同事，因求学請假三月(自九月廿日起)，应予照准。

十、調胡連坤同事任蓉店經理職，蓉店原任經理沈百民同事於辦理交代後調回總處工作。蓉店吳復之同事調渝店工作。蓉店王步武同事原定中止試用，茲因工作表現已較前努力，特取消原議，改予察看三個月，期滿視成績再予攷慮。

十一、本店為實行節約增強資力起見，曾定「內積儲金」辦法，自廿八年七月份起開始實行。茲因幣制變動，物價高漲，生活情形已有重大變化，為顧念同人生活的艱苦起見，自十月份起取消「內積儲金」的全部辦法。關於已交儲之部份，得按照原定辦法於期滿後本利一併發還之。

十二、渝店黃杰同事於九月廿四日自由離開職守，曠工三天半，事後已由分店經理予以警告處分，李金寶可予追認。黃東之同事復於九月三十日在宿舍內與袁泰恒同事打架，將另一同事的被褥丟在地上，并無故毀壞床架及棕墊。此種擾亂本店安寧秩序與損毀公物的行為，均違犯本店規章之規定。茲決定予以停職處分，以儆效尤。

十三、張洪濤同事於廿七年春間任職上海本店進貨科時，經手批進申報館出版的《中國分省地圖》一批，有將贈書之一部份私售與他人之弊端行為。當時總經理徐伯昕先生在漢口接得報告後，即寫信向張洪濤同事：是否確有此弊端行為？如有，則請自動離職。而張洪濤同事在廣州接信後，即自動離職，此在事實上實已表示當事人承認過失而自願受停職處分。事隔年餘，張洪濤同事於廿八年八月十六日重新提出申訴，事實上已失根據，在本店原可不予受理，惟對本案之處理為求更週到起見，經分別向當事人所提及的各有關証人重行調查，結果，各証人一致証明張洪濤同事有將該贈書之一部份私售與他人之舞弊行為，並未有足以推翻原案之任何新材料，據此，仍應維持原案。

十四、查廿八年十二月二日，臨時委員會對于廣州分店一部同事私營翻版犯規案的決議，關于孟漢臣部份所牽之事實中，有此二點：(一)「自總處派員接替孟漢臣同事會計職務後，孟漢臣同事始終未將進貨帳交出。」(二)「查本店向遠東出版社進貨，自十二月五日起至十十日止，共計一千六百三十五元，而去三月十二日至廿五日陸續付款，竟達一千七百四十元，即超過一百○五元，均由孟漢臣同事核付。依據最近由香港携到之廣州分店進貨賬所載，對于上述二点有反証之事實：(一)進貨帳中向有包士俊同事所記之筆蹟，可以証實孟漢臣同事並無將進貨賬秘密之行為。(二)三月十日所記進貨遠東出版社發票第五三号，而去三月廿五日後補記發票第五五、五六號二筆，計貨价貳百念捌元○角○分，由此可証在实际上，付款並未超过貨价。根據上述二点反証之事实，是否足以推翻孟漢臣同事計价之原案，交由本会主席研究后再行提出討論。

十五、據曲江分店經理嚴長慶同事的報告，馮秋就同事於八月十六日奉派去香港，添配貨物七千元，分裝百件，通過敵人防綫，克服運輸上的種種困難，於二十日晚安全返抵曲江。馮秋就同事為本店事業和中國文化所積極奮斗的英勇精神，值得贊揚。決定除頒給"生活獎狀"以留紀念外，並自十月份起按月加薪十元，以資鼓勵。

主席 鄒

記錄 張錫榮

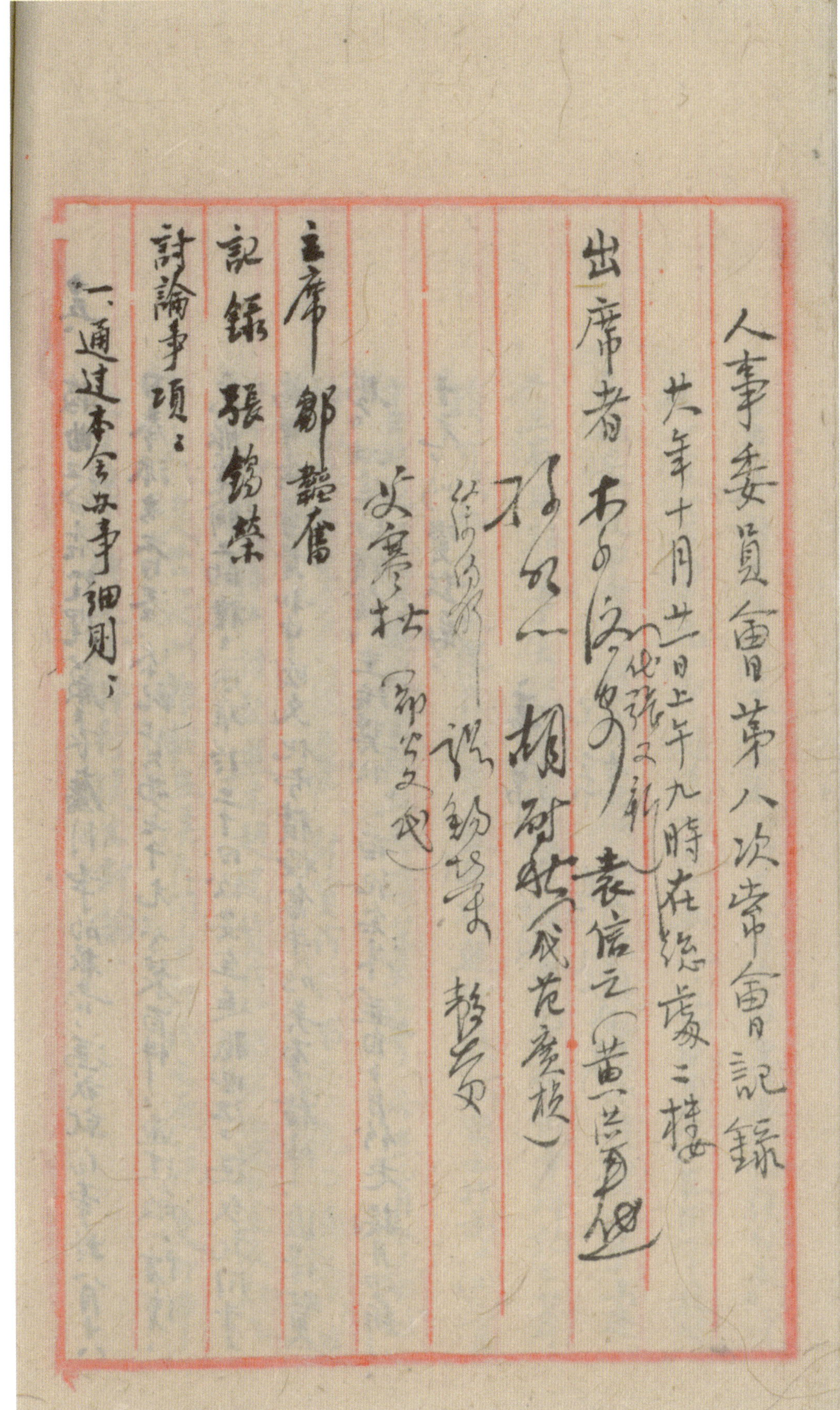

人事委員會第八次常會記錄

廿年十月廿日上午九時在總處二樓

出席者　李濟安（代張又新）　袁信之（黃洪年代）

徐伯昕　胡耐秋（代范廣桢）

徐伯昕　張錫榮　鄒韜奮

艾寒松（鄒公文代）

主席　鄒韜奮

記錄　張錫榮

討論事項：

一、通過本會辦事細則；

二、通過本會工作計劃大綱；

三、通過職工薪給辦法；

四、通過米荒津貼辦法；

五、核定渝、蓉、滬、金、宜、蘭、南、廣、筑各店戰時臨時津貼；

六、修正制服津貼辦法問題；

七、修正住外津貼辦法問題；

八、懲处何廷福缺少公款問題；

九、汪允安、胡潤泉辦時間問題；

十、金偉民擅離職守案；

十一、曾滄泉犯規案；

十二、王彦光行李被焚請求津貼案；

十三、審查孟漢臣、孫明心、任允安、王志萬、陳錫麟、楊春登記表；

十四、通過本店員工獎懲細則。

議決事項：

一、通過本會办事細則如下：

生活書店人事委員会办事細則

第一条　本会由全体同人通訊直接選举方式選出人事委員四九人，連同理事会主席及總經理共十一人組織之。

第二条　本会应互選主席一人，秘書一人，处理日常会务及等管会議記錄及一切文件。

第三条　本会定每隔四星期三下午二時半举行常会一次，由主席召集之，通告应於二日前發出。

第四条　本会除常会外，如遇有重要事項，急待討論，得由主席召集臨時会。

第五条　本会每次常会应報告经办事務及討論事件，提案应於前二日交秘書处列入議事日程。

第六条　本会開会時，倘主席請假，則公推委员一人為臨時主席。

第七条　各委员如有事故不能出席，可委託代表，代表以社员為限。

第八条　本會開會時出席委員以三分之二（八人）為法定人數不足法定人數不得開會。

第九条　本會開會時任何表決必須出席委員過半數之通過方為有效。

第十条　本會工作如下：

一、核定職工進退遷調；

二、核定職工薪級；

三、決定工作時間；

四、考核職工勤惰、勞績，擬定工作紀律及懲獎辦法；

五、核准職工一個月以上之長假；

六、管理及督察宿舍安適及教育、衛生、娛樂等事項；

七、核定職工紅利分配方案；

八、領導同人自治会工作；

九、处理其他有関職工福利之事項；

第十条　本会開会時討論事項有涉及委員個人者，関係人本身無表决权，必要時應暫時離席。

第十一条　本会開会時討論事項有必要時，得邀請有関之職工列席会議。

第十二条　本会任何議案或决議案，除主席具名之通告或指定委員傳達者外，各委員有嚴守秘密之義務。

第十四条　本會會議記錄及一切文件應由主席簽字由秘書負責保管。

第十五條　本細則如有未盡事宜，得隨時提議修正之。

二、通過本會工作計劃大綱，並推定負責準備人如下：

第五屆人事委員會工作計劃大綱

一、薪給方面

一、重訂薪給標準；（已辦）

二、調整薪額；（伯昕、公文、鳳夏、明心、志民）

三、調查各地物價及同人家庭負担，整釐訂各種津貼辦法。（公文、錫榮）

二、考績方面

一、修訂成績標準。（公文）

二、修訂服务規約。（已办）

三、甄別並調整現有工作人员。（仲明、公文、錫棠）

三、進退方面

一、修訂考試办法。（公文、明心、耐秋）

二、擬訂長期請假办法。（公文）

三、擬訂因特殊情形辞職之同事与本店継續関係办法。（公文、錫棠、明心）

四、教育方面

一、擬訂自我教育方案。（公文、耐秋、錫棠）

二、擬訂訓練部实施办法。（明心、公文、济安）

三、擬訂補助求學津貼办法；（已办）

五、其他方面

一、健全自治会組織及工作办法；（公文、洪年、鳳夏）

二、擬訂健康、娛樂實施办法；（春恒、洪年、公文）

三、整理修訂各種有關同人福利章則。（公文、仲華）

三、通過職工薪給办法如下：

生活書店職工薪給办法

一、本店職工薪額除總經理、經理由理事会決定外，其餘職工之薪額均由人事委员会按照本办法決定之。

二、編審委員之薪額，按照責任輕重、工作多寡，随時核定之。

三、本店薪水採用月薪制。職工最低薪額規定如下：工友十五元，練習生十二元，練習員二十元，職員三十元。膳宿一律由店供給。

四、新進本店之職工，其開始待遇均照上條規定辦理之，惟有特殊經驗之職員，其開始薪額得按照職務輕重及其能力等酌定之。

五、本店各級負責人之最低薪額規定如下：總處各部主任及各區管理處主任八十元，各分店經理及總處各科主任五十元，支店經理及各分店課主任四十元。

六、本店增加職工薪額，在營業不斷擴展的情形下，每年逢一月七月總攷核各一次，惟薪水在百元以上者，每年攷核一次。

七、在試用期內之員工，其成績特別優良者，得於未滿三個月時攷核加薪一次。

八、本店每次總考核增加薪額數量，分為下列五級：第一級十元；第二級八元；第三級六元；第四級四元；第五級二元。

九、依據經常考績記錄分數，滿九十分者加第一級薪水；滿八十分者，加第二級薪水；滿七十分者加第三級薪水；滿六十分者加第四級薪水；滿五十分者加第五級薪水。

十、本辦法由人事委員會通过施行，並得隨時由人事委員會修正之。

四、通過求學津貼辦法如下：

求學津貼辦法

一、本店為培養幹部造就人才計，得根據實際情形資助同人出外求学。

二、資助種類分四種：

甲、由本店派去学習某一項專門技術者；

乙、自願出外学習者；

丙、補習

三、甲種求学者在学習期內，費用完全由本店供給，薪亦照給；

四、甲種求学者在学習期满後，至少在本店繼續服务五年。

五、遴選求學者得由人事委員會指定或用考試办法選取。

六、凡自願出外学習者，須先向人事委員會申請。

七、本店得代自願學習者介绍學校，或代為要求免費。

八、自願學習者必須具備下列諸条件：

甲、職务可以抽身或由别人代理者；

乙、工作成績優良者；

丙、服务本店在兩年以上者；

丁、學習科目適合本店需要者；

戊、學習期滿返還本店工作者；

九、自願學習者之學習時期至多不得超過兩年；

十、自願學習者在開始時得借薪水一月，每年津貼圖書費五十元。

十一、自願學習者在學習期留職停薪。

十二、補習者必須具備下列諸条件：

甲、工作成績良好者；
乙、補習科目適合本店需要者。
十三、補習者之学費，由本店津貼半數。
十四、本办法由人事委員會通過施行，並得隨時修改之。
五、根據調查物價結果，核定下列各分店同人最低生活額如下，如有未達此標準之薪額者，應按照「戰時臨時津貼办法」自九月份起補足之：

衡陽分店	十元	宜川分店	十元
成都分店	十二元	鬱林分店	九元
上海分店	九元	南平分店	十元
金華分店	八元	廣州灣分店	白銀八元

貴陽分店　十五元

六、本店工作人員穿着制服暫行办法第六条："制服費如有超出上条規定者，超出之數由本人負担"，其下應增添修正之文字如下："如因物价高漲等特殊原因而必須超出時，經由人事委員会核定者例外。"

七、黃寶珣同事提出修改住外津貼原則二点：(一)津貼額不應因薪水之高低而有差别；(二)津貼額不應全國同一，應就各地房价之不同而有參差。本会對此二點修改意見，認為並不妥善。解釋如下：(一)按本店規定供給膳食及宿舍，如有自動放棄由享用者聽之。惟為顧及有眷屬在當地者必須住外的實際情形起見，酌予津貼房租一部份。此項津貼規定薪水在五十元以下者八元，百元以下者六元，百元以上者無，意在相当帮助薪水較低者減少实際生活上的困难，並不含有普遍優待的性質。至於薪水較高者既自動放棄享受宿舍之权利，且有能力支付住外房租，在本店經濟力量尚未充裕的目前，自可少予津貼或不予津貼。

(二)各地房价不一，乃係事实；但甲地房价高而建築好，交通方便，乙地建築壞，交通不便，亦係事实。間或有差異，但生活费用上有差異者不僅々房租一端，在本店目前經濟状况之下，未能完全顧到。據此，暫時仍應維持原有办法。

八、

据处何廷福同事任事务及收發職务，於廿八年十月一日將事务工作移交時，缺少公款一百元六角四分。其中除一百元係暫記欠款外，其餘均係遺失、失窃、錯帳、私用等原因而致缺少者。在缺少時瞞而不报，有錯帳不加清查。其盗私用公款，此均係犯規行為。除應追還全部缺款外，並予以停職處分，以維紀律。

九、據處汪允安、胡潤泉二同事因工作繁忙，經常延長工作時間至十小時以上，應添適當之工人，協助工作，以減少工作時間，改善工作狀況。

十、金偉民同事於廿八年三月間任職沅陵分店時，曾致函總處，云因患胃病，擬請假回浙江家鄉休養。總處以當時前沅店人手缺少，為避免影響業務計，請其先覓代理人來到沅陵以前，暫勿離店。後接金偉民同事來電，謂因恐浙贛路中斷，已於三月十七日啟程回鄉。此種自由離開職守之行為，對於店規及總處指示顯有忽視之處，應根據服務規章十三條以警告一頓次，以資懲戒。

十一、據報告，曾淦泉同事於廿八年任職零陵支店時，有下列犯規行為之事實：(一)五月廿五日中午十二時五十分鐘，到樓上睡覺，到一点二十分鐘才來辦公。三点二十分到家里去賭牌，那天辦公缺少三時○五分。(二)五月廿七日下午一時上樓睡覺，三時五十分鐘下樓，直到六時沒有辦公過。(三)六月七日中午十二時許回家吃飯，到一時回店立刻再回到家里賭牌，到三時十分到店，由三時四十分出外，四点五十三分到店。(四)趙海青同事不做門市，曾淦泉同事做乾鋪，每月曾同事平均廿餘天睡午覺，時間每日三四小時。據此，曾淦泉同事有犯規行為。為求處置本案更週到起見，特向黃寶庭、金偉民兩同事調查，以議處。

十二、廿八年六月十三日，敵機襲常德，常德分店被炸燒焚燬。王康元同事因只顧搶救公物，个人日用衣物未及攜出，被燬於火。應予賠償物價五千元，以示公允。

十三、漢口區孫明心、汪允安、陳錫麟接眷登記表，按照「接眷旅費津貼辦法」之規定，並按照本店經济能力及本人服务年數，審閱決定准予領受津貼時期如下：孫明心同事，廿八年十月；陳錫麟同事，十月；孟洋區同事十月；汪允安同事十一月。王志萬同事眷屬接至工作地点後每月生活費尚有疑问，應暫緩。

十四、通过本店員工懲戒细則如下：

生活書店員工懲戒细則（服务規约附件）

第一項 各员工犯下列事項之一者，予以停職处分：

一、營私舞弊，侵用銀錢者；

二、患花柳病者；

三、吸食鴉片或麻醉毒品及其他代用品者；

四、在外肇事，經官廳判決有罪，未能在本店繼續執行職務者（因本店業務關係，或因其他公私關係而蒙受冤抑者不在此限）

第二項 各員工犯下列事項之一者，予以警告，或停職處分；

一、工作成績惡劣者；

二、損害本店名譽、營業或財產者；

三、兼營與本店同樣性質之營業，或兼任與本店同樣性質營業機關之工作者；

四、兼任他处有酬报之职务而未经总经理或人事委员会或理事会之许可者；

五、泄漏本店营业上或业务上之秘密者；

六、擅离职守或无故旷工者；

第三项 社员工犯下列事项之一者，予以警告或最后警告处分：

一、在本店规定工作时间内办理私人事件及以公物作私用或浪费及损毁公物者；

二、在工作时间内擅自召开不属于本店规定之会议者；

三、有扰乱本店安宁秩序或妨害本店公共卫生者；

四、侮辱或斗殴同事，诬者及他人者；

第四项 各员工犯下列事项之一者，予以劝告或警告之处分：

一、不服从有关负责人之合理指导及督察者；

二、无充分理由而推诿或拒绝本店调遣者；

三、无故迟到或早退者；

四、因公外出，未将事由在签到簿上登记，并未向有关之负责人报告者；

五、各区管理处主任或各分店经理，请假或公出在三日以上，无充分理由并未经总经理核定者；

六、对读者及来宾接洽事务有厌烦、傲慢、怠忽等情事者；

七、在工作时期内购食零物，阅读书报（因公查阅书报不在此限）或嗑听、戏谑、谩骂，任意离开职守及妨碍他人工作等情事者；

八、同事间彼此不能充分合作，和衷共济者；

九、各级负責人对各該有关員工之指導及督察有徇私隐匿行為者；

十、对於本身職务無关之各項文件，任意拆阅或翻阅者；

十一、有賭博及酗酒行為者；

十二、在门市部或存書栈及堆積貨物处所吸烟者；

臨時動議：

一、本会所定办法开始实行期间题。

決議：

一、本会通过之一切办法，須於公佈之日起开始实行

主席 彭[签名]

生活出版合作社

第五届人事委员会会议记录（第三册）

第三冊

第五屆人事委員會之議記錄

人事委員會第四次臨時會議記錄

廿九年十月廿五日下午二時半在總處二樓舉行

出席者 張錫榮 ~~邵公文~~（代表黃社） 范虞模 胡耐秋代 張又新（赤[illegible]代） 袁信之 黃[illegible]代

莫志恆（代顧一凡） [illegible] 徐伯昕 [illegible]

主席 邹韜奮

記録 張錫榮

徐伯昕先生報告人事進退調遣。進：總處梅麗莎、孫克定、華克行，滬店崔福新，渝店劉新、鍾學海、黃垚琮、吳良成，滇店嚴

醒夫。退：總處闞宝航、桂店葛陵、廖邦昌、昆明張光培，

調遣：總处李德勳調渝、宜昌胡建坤調蓉。

討論事項：

一、通过医药津貼病假办法；

二、通過撫卹办法；

三、孟漢臣犯規案提出申訴問題；

四、重審王志萬接眷登記表；

五、衡陽陳鳳九、李桂生兩同事請假問題；

六、王志萬任職渝店發行課時犯規案；

七、艾然生声請發給港幣薪水問題；

八、渝店刘觀國、總处范廣禎請假求学問題。

議決事項：

一、修正並通過医药津貼及病假办法如下：

生活書店員工医药津貼及病假办法

一、凡本店員工，均適用本办法。

二、各员工有疾病時，得依照下列各項之規定，津貼医药費：

甲、向本店指定之医生门診者，其診金及掛號費由本店津貼；

乙、向本店指定之医生，請其出診者，其診金及掛號費，由本店津貼半數，但以本埠之医生為限；

丙、向本店指定之医院治療者，本店每日津貼住院費至多二元，每年以六十元為限，藥費实支实付，以医院单据為憑；

丁、药费及手術費由本店津貼，薪水在五十元以下者，全年不得超过三十元，薪水五百元以下者，全年不得超過二十五元，薪水五百元以上者，全年不得超過十五元之；

三、本店指定之醫院或醫生另行公佈之。

四、各員工前往指定之醫生或醫院處診察病，或請其出診或住院時，應先向總務部（課）填取憑單；如因緊急不及事前填取者，應於一天內補具手續。

五、各員工如確係直接因職務關係而受傷或致病者，經本店指定之醫生或醫院證明後，其治療期內所需之醫藥費或住院費，全部由本店津貼，但住院費以二等病房為限。

六、凡本店指定之醫生或醫院[illegible]所不能診察或留院之疾病，得向其他醫生或醫院診治，津貼照上條。

七、各員工如因病經本店指定之醫生或醫院證明，而全年病假不滿一星期者，病假期内薪水照給。

八、各員工如因病經本店指定之医生或医院証明而請假一星期以上者，病假期内之薪水，除照第七条办理外，其超過之日期得照下列規定支給之：

甲、任職滿一年以上者，薪水減支四分之一，但至多以三個月為限；

乙、任職滿三年以上者，薪水減半支給，但至多三個月為限；

丙、任職滿五年以上者，薪水照給，但至多以三個月為限；

丁、任職滿十年以上者，薪水照給，以五個月為限；滿十五年以上者，薪水照給，以七個月為限，滿二十年以上者，薪水照給，以九個月為限；滿二十五年以上者，薪水照給，以一年為限。

九、各員工如確係直接因職務關係受傷致成殘廢，經本店認為不能工作者，薪水照給，但至多不得超過二百元，時間以二十年為限。中途恢復工作能力者，中止津貼。中途死亡者，按撫卹辦法辦理之。

十、本辦法由人委會通過後自公佈之日施行，並得隨時修正之。

二、修正並通過撫卹辦法如下：

生活書店撫卹辦法

一、各員工如確因職務關係而致死者，得一次給予喪葬費二百元，如係因病致死者，得一次給予喪葬費五十元。

二、因公致死者，每月薪水照給，但至多不得超過一百元，時期以二十年為限。

三、雖並非完全因公致死，但亦有因公之成份者，得視實際情形酌給薪水四分之一或二分之一，時期照下列之規定辦理之：

三、甲、服务不满一年者，以一年计算；

乙、服务一年以上三年以下者，以三年计算；

丙、服务三年以上五年以下者，以五年计算；

丁、服务五年以上不满八年者，以八年计算；

戊、服务八年以上不满十年者，以十年计算；

己、服务十年以上不满十五年者，以十五年计算；

庚、十五年以上者，以二十年计算。

四、如纯系因病致死，且家境清寒者，得酌予抚恤：

甲、服务一年以上三年以下者，给薪水三个月；

乙、服务在三年以上五年以下者，给薪水六个月；

丙、服务五年以上十年以下者，给薪水九个月；

丁、服务十年以上者，给薪一年。

五、抚恤金只能由夫、妻子女或父母领取。

六、此项抚恤金本店得视实際情形，分期撥付。

七、领取抚恤金者，如有子女，本店得代为保管其教育费。

八、领取第四项之抚恤金者，其家境是否清寒，应由服务二年以上之同人二人字以證明。

九、本办法由人事委员会通过后公佈施行。

十、本办法如有未盡事宜，由人事委员会随時修改之。

三、查廿八年三月二日，临時委员会对於廣州分店一部份同事私营翻版犯規案的决議，関于孟漢臣部份所争之事实中，有些点：(一)「自總处派來接替孟漢臣同事会計職务後，孟漢臣同事始终未将進貨帳交出。」(二)「查本店向遠東出版社進貨，自三月六日起至十日止，共計一千六百三十二元，而至三月十一日至廿五日陆續付款，竟達一千七百四十元，即超过一百〇五元，均由孟漢臣全手核付。」亦校最近由香港携到本廣州分店進貨帳所載，对於上述二点有反証之事实：(一)進貨帳中间有包士俵同事所記之筆蹟，可以証实孟漢臣同事並無将進貨帳秘密之行為。(二)三月十日所記進貨遠东出版社發票第五三号，而至三月廿五日以後，補記發票第五五、五六號二筆（係三月廿四日以前所開），計貨價贰百叁捌元，由此可証其实際上付款並未超过貨價。根校上述二述反証之事实，由本会主席研究之结果，认为孟澤臣同事提出上述反証之事实，可以推翻上述临委会决议关於孟澤臣同事部份所举之二点事实。但在临时委员会决议关于孟澤臣部份所举之事实中，有「每次付与远東出版社之款，多由孟澤臣君收取」及「九月十四日，广州危急时，孟澤臣同事接付远東出版社貨款弍百元」等各点，尚未得到充分反証理由之解释。应向当事人再行询问外，并向有关各方面进行调查。在调查询问期内，仍维持原案。

四、總处王志萬同事对於申請接眷登記事提出補充云：「家属接至工作地点後，因房屋由姊丈供给，可不出租費，故個人薪水及津貼之收入，已可維持生活」。據此，按照「接眷旅費津貼办法」之規定，准予於先年月份領受津貼。

五、衡陽陳風九、李桂生兩同事於廿八年十月十八日請假半年求學，離開職守，事先未得本會之核准。此顯係輕視職守、忽視紀律之自由行動，應按照服務規約予以停職處分，以維紀律。

六、王志蔿同事於廿八年七月間任職重慶分店發行課時，有下列犯規行為之事實：(一)七月三十日本店向華中圖書公司配進「展望畫報」本，由王志蔿同事經手領取，並非定户寄發，而係私用。(二)遺失定單存根二本以上，遺失萬、蓉、筑、沅、鄭各店通知單六張以上。(三)辦理移交時文件紊亂，使接辦者困難，且不答覆接辦者所提出關於工作上之問題。由此可見王志蔿同事以公物作私用，办事成績悪劣，不能在工作上和衷共濟之犯規行為。根據服務規約原應予以二次警告及一次口頭劝告之处分，惟查当時發行課人少事多，且文件因防空搬動，以致有遺失紊亂等情，不無減輕處分之理由。茲決定予以警告以資懲戒。

七、艾逖生同事由渝調滬，途經香港時，幫同办理港店工作數天，声請按照港店同人支薪办法支取四分之一港幣，查艾逖生同事並非調任港店工作，照章不能按照港店同人支薪办法支取港幣，且艾逖生仝事在留港期內食宿車資等因公費用，均可由港店支付，僅可實報實銷，不因幣制不同而受損失。據此，所請未便照准。

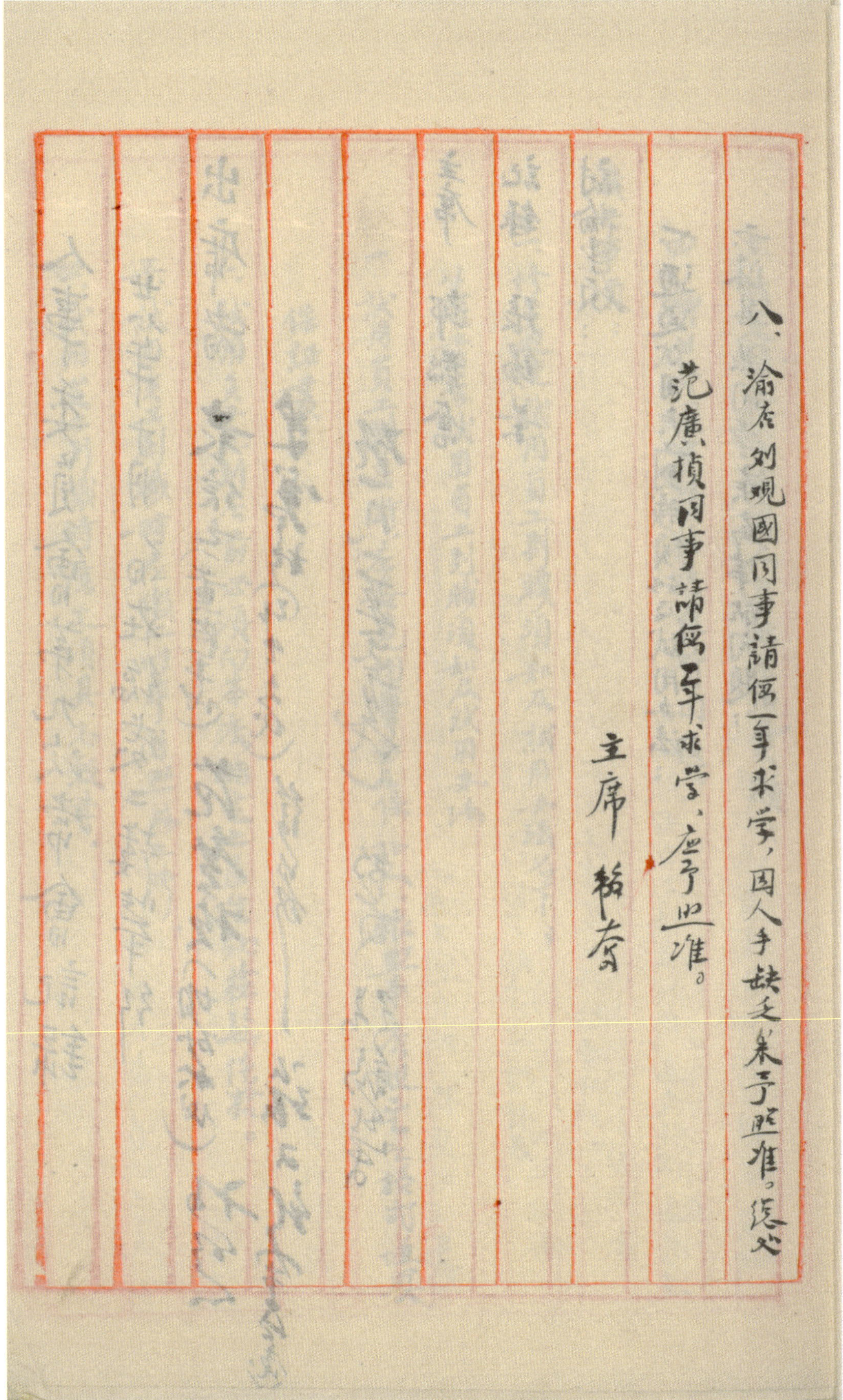

八、渝店刘观国因事请假一年求学，因人手缺乏，兼予照准。総之

范广桢因事请假二年求学，应予照准。

主席 韬奋

人事委員會第九次常會記錄

廿八年十月八日在總處二樓舉行

出席者 袁信之（黃寶珣代） 范愛楨（胡耐秋代） 楊[illegible]

朱曉[illegible]（邵公文代） 徐伯昕 張又新（[illegible]代）

鄭一凡（[illegible]代） 韜奮 張錫榮

主席 鄒韜奮

記錄 張錫榮

討論事項：

一、通過試用員工到職須知及試用辦法；

二、陳其襄同事疾病津貼問題；

三、核定梅林分店同人最低生活費額：

四、鄭州分店同事津貼喪葬費問題。

議決事項：

一、修正通過試用員工到職須知及試用辦法如下：

生活書店試用員工到職須知及試用辦法

一、試用員工到店時，應妥覓相當之保證人，依照本店規定之格式填具保證書。

二、試用員工到店前必須向本店指定之醫生處檢驗體格。

三、試用員工到職時應繳二吋半身照片二張。

四、試用員工到職時應先填具志願書。

五、試用員工應遵守本店之服務規約及其他一切章則通告。

六、試用員工之待遇，除由本店供給膳宿外，甲、職員每月薪水三十元；乙、練習員每月薪水二十元；丙、練習生每月薪水十二元；丁、工友每月薪水十五元。

七、員工之試用期為半年，期滿後如成績優良，始得正式任用。

八、員工在試用期內，本店如認為不適合時，得隨時停止試用。

九、試用員工于三個月以上，得視工作成績及工作能力酌予提增待遇。

十、本辦法由人事委員會通過施行，如有未盡善處得隨時修改之。

二、陳具衷因事任職金華分店時，因店被日寇誤會封閉，奔走設法，辛勞過度，旋任曲江分店時，肺病復發，此次致病帶有局部因公性質。其所用去之醫藥費，除照規定由店津貼六十元外，其超過津貼之數，再由店津貼三分之二，以示優待。陳同事任職已滿五年，照規定由店應給病假三個月，薪水照給。查陳其襄同事過去工作成績優良，未曾受過懲戒，特依照服務規程約第卅八條之規定，給予特別假三個月，薪水照給。此項假期在病假期滿後起始。

三、「員工醫藥津貼及病假辦法」第二條下應添加一項：「戊、如致病原因帶有屬於因公性質，其藥費及手術費超過丁項規定時，由本店再津貼二分之一或三分之二，至多以五十元為限。」

四、鄭以谷同事於廿七年秋離職後，在重慶因病死亡，迄今尚未安葬。查鄭以谷同事在任職期內，工作成績良好，故特予以津貼喪葬費五十元。

以資幫助。

臨時動議：

一、張通英因病函請續假半年；

二、薪水調整準備問題。

議決事項：

一、張通英同事因患肺病，在蓉休養，自十月一日起請續假半年，應予照准。

二、關於薪水調整問題，應作如下之準備：由部分文書五同事擬定原則擬交本處核定後，於十一月二十日前將調整原則分發各地同人討論，限十二月十日前收集意見。

主席 韜奮

人事委員會第五次臨時會議記錄

二十八年十二月十五日在總處二樓舉行

出席者 徐伯昕 黃洛峰 張又新（李濟安代）

孫明心 范廣楨（胡耐秋代） 袁信之（汪年代）

薛迪暢 史寶楷（邵公文代） 顧一凡（王泰雷代）

主席 鄒韜奮 紀錄 張錫榮

討論事項：

一、調整薪水原則問題；

二、諸祖榮、汪允安等加薪問題；

三、張國鈞因病請假問題；

四、渝店最低薪水額提高問題；

五、陈凤九、李桂生支款卅五元責任问题；

六、冬衣借款问题。

決議事項：

一、調整薪水原則草案，待詢問沈鈞儒、王志莘兩先生之意見後，再行提出討論。

二、諸祖榮、汪允安等職务特別加重之同事，原擬在七月份仍予加薪。惟因目前本店經濟能力薄弱，且薪水在三十元以上者均未加薪，少數同事加薪可能引起不良印象，故決定於明年一月普遍加薪時合併考慮之。

三、總店張國鈞同事因患神經衰弱病，請假二月休養，應予照准。

職务由張東望同事代理。經期待代理人接替職务後起始。

四、渝店同人自治會提出最低生活費額須十五元，並將需用物品价格列单以供本会参考。按渝店最低生活費額已按照调查结果確定為十二元，係根據各地相同之需用物品計算的结果，是以渝店未便率予變更提高。此項参考材料，待於明年一月间调整薪水时合併考虑之。

五、衡陽店凤九、李桂生兩同事前因自由离開職守，已受停職处分，查因有过失解職，按照前臨時委员会决议之规定不能領取退職金。兩同事在离職時借款二十五元，應責成衡店负責人金偉民同事追回之。

六

本社一部份同事缺少棉大衣，无力购置，亦定"冬衣借款"办法如下：(一)限实际缺少棉衣而无力购置者借用；(二)借款每人至多廿元；(三)借款至多限于五个月内分期还清；(四)借款总数至多以一千元为限；(五)借款须由各该负责人证明并经人事委员会核准。

主席 邹韬奋

人事委員會第十次常會記錄

廿八年十一月廿三日在總處二樓舉行

出席者　徐伯昕　孫明心　薛迪暢　張又新　李濟安代

艾寒松　邵公文代　范廣楨　胡耐秋代　張錫榮

袁信之　黃洛峯代　顧一凡（王志莘代）

主席：鄒韜奮

記錄：張錫榮

討論事項：

一、調整薪水原則問題：

二、魯昌年死亡津貼問題：

三、王仁甫升任職員問題；

四、滕叔壽醫藥津貼及在服侍黃定元養病期內薪給問題；

五、戴紹鈞請假育休養問題；

六、通過領用証章辦法；

七、兩種儲金已存部份支付問題；

八、桂林分店之部份同人提出重行攷慮張洪濤案。

議決事項：

一、本店薪給標準，過去因生活程度之變動，致未能劃一，形成尚欠公允現象，應有適當之調整辦法。又戰時物價高漲，同人生活艱苦，亦應有適當之補救辦法。此事關係整個本店前途和全體同人福利，故須展開普遍討論，以便獲得相當合理之結果。討論時期定為一個月，自廿八年十一月廿五日開始，至十二月廿四日結束。為使利進行討論起見，擬定討論大綱如下：

調整薪水的幾個基本原則（即討論大綱）

一、決定薪水的三個要素：

A、開始時的職位（練習生、練習員、職員）

B、工作過程中的歷次考績；

C、現在的工作成績、責任和能力。

二、調整的步驟：

A、查每人開始的職位及現在每人之工作和責任，確定其職位，

B、根據歷次的加薪標準，假定過去每屆最低加薪額——練習生開始兩年，每半年加五元，以後每半年加三元，練習員開始時半年加五元，以後每半年加三元，職員每半年加三元，工友每年加三元。

C、依據上條並以現在每人的工作和責任加以增減，然後酌定每人現在的應得薪水。

三、調整的原則：

A、工作權責、責任輕重和能力強弱的比較。

B、歷年功過的比較：

C、同等工作的服務年份比較。

四、调整的标准：

A. 適合各尽所能各取所值；

B. 適合目前的生活程度；

C. 適合店的经济力量。

附战时生活费津贴办法：

一、根据各地物价酌给津贴；

二、每三个月调查生活必需品之物价一次；

三、最低生活超出练习生起薪额（八元）时，超出之数，不论薪水多少，一律另给津贴；

四、津贴额亦每三月根据物价予以增减。

二、魯昌年同事於卅八年八月十七日起病，八月廿四日殁於宜昌聖母堂醫院，根據宜昌分庄經理胡連坤同事報告，魯同事所病為傷寒，而其患病致死主要原因實由於：一、戰時生活程度高漲，魯同事家庭負担過重，無法維持，心境難免抑鬱；二、宜庄遭封閉，生活不安定，致身心不快；三、治療不得法，魯同事病後先請中醫診治，因彼及其親戚均不信任西醫，又兼警報頻繁，病入危險期始送入醫院，以致不治。魯同事家境清寒，有母妻子女五人，生活悉賴維持云云。根據以上所述，魯同事致死原因，並未含有因公性質，未能援例局部因公津貼辦法。但魯同事家境清寒，在本社服務已近三年，特根據卅八年十月廿八日通過，照於廿九年一月施行之撫恤辦法精神，酌予津貼薪水三個月，計共六十六元，以資撫恤，喪葬費八十九元八角四分，予以追認。

三、滬店社工王仁甫，於廿六年四月進店，原任打包工作，廿八年九月調任門市，試習職員職務，尚可應付。茲經考試，結果成績優良，准予升任職員。

四、陸杏壽同事於廿七年十二月間，押運貨物十餘包由衡陽至常陵，所押之船被急流冲擊，擱淺沙灘，船底洞穿，陸同事因搶救貨物，另僱船隻運輸，被敵兵誤会毆傷，二十八年三月六日，傷勢重發，在衡陽醫治。依照本店「疾病死亡津貼辦法」之規定，陸同事因公致病，應予醫治，費用完全由本店支給，在醫治期內，並照給薪水。六月廿五日，陸同事護送黃寶光同事抵桂林治病。抵桂後，服侍病人，迄今已達四月，按服侍病人不屬於本店職務工作範圍，故在服侍病人期內，應停止支付薪水。陸同事並非無故離開職守，應准予復職。

五、渝店戴紹綺同事因患肺結核，自廿八年十二月廿二日起請假二月休養，經醫生證明屬實，應予照准。

六、通過領用證章規則如下：

生活書店員工領用證章規則

一、本店員工皆得領用本店製發之證章，以資識別。

二、員工領用證章，須在登記簿上簽名蓋章。

三、各工友將領用之證章遺失，須即登報聲明作廢，廣告費由遺失者負擔。

四、遺失聲明內應載明"生活書店"文字及證章字樣。

五、遺失人應將遺失原因並檢同在報端刊登之遺失聲明，書面報告主管部份請求補發證章。

六、主管部份應將各工友遺失聲明妥為保存，如發覺外人仍借已經遺失之證明章招搖或撞騙時，俾作為不負責任何責任之憑證，並可請求官廳查究。

七、各工友遺失證章，須賠償國幣一元，以資警惕。

八、各工友離職時，須將證章繳還本店。

九、職工離職時，如不繳還證章，以蓄意破壞本店規則論，並登報申明之。

十、職工領用之證章，如須全部更換時，得由本店收回。

十一、本規則經人事委員會通過施行。

十二、本規則如有不適用處，得由人委會隨時修訂之。

七、本店於三十六年七月份起開始實行「兩種儲金」辦法，後因生活情形變化於十月六日決議取消，其已交儲之部份，原定於期滿後本利發還，但如有需要提早發還者，可將「儲金存單」寄回總處，當將本金全數發還。不計利息。

八、關於張洪濤同事因舞弊離職案，桂林分店一部份同事提出意見七點：一、張同事離職時，曾對人說「忍受不了這種無中生有，隨便加上的侮辱」，可見並非「默認」過失行為；二、舞弊行為之經過事實應指出；三、憑人証不憑物証難以使人心服；四、原案未當公佈；五、對張同事提出反証，應規定範圍；六、應愛護老幹部從輕處罰；七、桂林社員願保証張同事回店察看一個時期。經研究結果，認為所述七點均非足以減輕本案結論之正當理由，更非足以變更本案結論之有力反証。解釋如下：一、張同事當時未向總經理徐伯昕先生提出申辯，事實係「默認」，其與他人口頭上之辯說，不生效力。二、舞弊行為經過之事實如次：廿七年十一月　日中午，申根發購本店「中國分省新圖」三十册，由張洪濤同事點收，但未據寄科收存僅十二册，計缺少十册，後查知該缺少之十册，係張洪濤以七折私售與亞新輿地學社。三、本店處理本事内容，只求合乎實際與事實確認，亦可依據人証。四、張同事原案，前臨時委員會於廿七年五月十二日第廿次常會實有具案可查，而所有案件並非必須公佈。五、凡有關本案之反証事物均可提出，並無限定範圍之必要。六、無論新舊同事，以犯舞弊之過失，毫無考慮挽回之餘地。七、本會數人担保已停職同事復職，章程並無規定，且亦非合理办法。應擬上述要點詳細予以解釋之。

主席 [illegible]

人事委員會第十一次常會記錄

廿八年十二月六日在總處二樓舉行

出席者 韜奮 華風夏 張又新（[illegible]代） 顧一凡（黃志堅代） 范[illegible]秋（胡耐秋代） 徐伯昕 袁信之（[illegible]代） [illegible] 艾寒松（邵公文代） 孫[illegible]

主席：鄒韜奮

記錄：張錫榮

討論事項

一、核定柳、立各店同人最低生活費額、

二、核定孫潔人同事因病請假案；
三、核定龍勵奮同事接眷津貼案；
四、黃曉萍醫藥津貼案；
五、方鈞同事獎勵問題；
六、孫克定先生赴港途中食用問題；
七、桂林同人對於「戰時臨時津貼」的意見；
八、通過公出及遷調支給旅、膳、宿費條例；
九、劉執之請假問題。

議決事項

一、核定柳州同人最低生活費額為十一元，立煌為九元。

二、常德孫潔人同事提出要求：(一)因肺病需要休養，請假三月；(二)假期內去沪行办理婚事；(三)假期滿後請調沪店或總处工作。查孫潔人同事原有肺病，已經医生証明確需休養，應予照准。又准假休養，則不宜去沪办理婚事，以免旅途跋涉，有碍健康，應予婉却。假期滿後調派職务，根據日後工作上之需要另行决定之，調沪工作之可能極少。

三、桂店施勵奮同事，係廿四年十月進店，申請接妻鄒華琴及女安娜至桂林居住，旅費預計約六百元，生活費每月約需二佰元。查施勵奮同事所具條件與「接眷旅費津貼办法」之規定並无不合，應准於廿八年二月領取該項津貼，

四、黄晓蔓同事於廿六年一月在上海因公被难，释出后，肺病复发，在医疗期间，又割治盲肠炎，至十一月十七日止，用去医药费一千一百三十二元八角七分。此项支出除由本会予以追认外，以后继续医治之费用，按照"医药津贴暂行办法"之规定，继续予以津贴；但因本店经济困难，须通知在可能范围内力求节省。

五、方钧同事於廿六年七月廿五日，由金华起运价值约计四千元之书籍，通过敌人佈防之公路与长江，到达目的地。中间经历许多艰难，且冒生命危险。此事对於大别山游击区文化及本店事业有特殊贡献。方钧同事此种英勇奋斗的精神值得赞扬，决定除发给「生活奖状」（第十号）留纪念外，并另给特别奖金壹百元，以资鼓励。

六、本店聘请外埠职员至工作地点执行职务，其旅费，规定由本店津贴，惟以三等车票为限，此项旅费津贴之范围，应加以扩大，凡赴聘之职员除三等车船票外，其他膳宿及搬运等费用，一应包括在内，完全由店津贴之。

七、桂林同人对于「战时临时津贴」之意见，可以作为廿九年一月修改应调整薪水时之参考。并将此意答覆桂林同人。

八、通过「公出及还调支领旅、膳、宿费条例」如下：

公出及还调支领旅、膳、宿费条例

一、凡因公出差至别埠或職務調[illegible]往别埠者，均按本條例辦理。

二、車船票以三等為限。

三、車船票費、車力、脚力一律實支實付。

四、行李費以五十公斤為限。

五、沿途伙食及旅館費亦實支實付，惟每天至多不得超過二元為

（火車或輪船上有此項設備者，則照一般規定者計算）

六、凡當地有分支店者，膳宿均由分支店處理，不得另外開帳。

七、本條例自通過日起實施，並得隨時修改之。

九、劳执之同事需要休養身体，且經醫生證書，擬請二個月以上之長假，或減少半天工作。半天工作辦法，雖有二前例可援，

但如事數年頗受影响，今後不使採用，以熱心同事平時工作成績優良，今既有事實上之需要，應准予請假三個月，惟原來有職务，須找妥當之代理人接替，俾斯在職务有人接替時開始，以免妨碍工作之進行！

主席 韬奋

人事委員會第十二次會議記錄

卅六年十二月廿三日上午九時在總处举

出席者：徐伯昕 孫明心 華風夏 張錫榮 邵韜奮 張又新（洛安代） 顧一凡（莫志恒代） 范廣楨（胡耐秋代） 袁信之（黃辰年代） 艾寒松（邵公文代）

主席 邵韜奮

紀錄 張錫榮

討論事項

一、通過返家旅費津貼办法；

二、通過補助家庭負担津貼办法；

三、審查準社員；

四、嚴長衍同事辭職問題。

議決事項

一、通過返家旅費津貼辦法如下：

返家旅費津貼辦法

一、凡由進店處調遣至别處工作之員工，有妻或父母，須返故鄉因夫婦團聚或省視父母者，均得適用本辦法。

二、返鄉夫婦團聚者，每年得領津貼一次，津貼一次，津貼額為往返旅費之一半。

三、返鄉夫婦團聚者，如調遣後滿三年返鄉一次，旅費全部津貼。

四、返鄉省視父母者，每兩年得領取津貼一次，津貼額為往返旅費之一半。

五、返鄉省視父母者，如調遣滿五年返鄉一次，旅費全部津貼。

六、旅費津貼只包括車船費，並以三等為限，一律實支實付。

七、凡欲享領此項津貼者，須事先向人事委員會申請登記。

八、發給津貼之日期，須由人事委員會根據申請者服務年代之久暫、職務之是否離開、本人經濟力能否勝任等條件，斟酌定之。

九、本辦法自二十九年一月起施行。

十、本辦法得由人事委員會隨時修改之。

二、通過補助家庭負担津貼辦法如下：

補助家庭負担津貼辦法

一、凡月薪未滿四十元，具有下列條件之一者，始得適用本辦法：

甲、已婚而對方無職業者；

乙、母寡而無職業，且無職業弟兄分担贍養責任者；

丙、父年在五十以上而無職業，且無弟兄分担贍養責任者；

丁、父母亡故，弟或妹在大學以下者而無人分担生活費者。

二、津貼數額：月薪在三十五元以下者，每月五元；月薪在卅六元者貼四元、三十七元者貼三元、三十八元者貼二元、三十九元者貼一元。

三、領取本次津貼，每人只限享領一份。

四、領取本項津貼，須經有關負責人及自治幹事之證明，並經人事委員會之核准。

五、本辦法自廿九年一月起施行。

六、本辦法得由人事委員會隨時修改之。

三、審查合格之準社員十九人如下：

馬斌元 孫潔人 趙志成 陳樹南 王仁甫 畢錦順 陳幼青

吳復之 蔡尹錢 許季良、馮霜橋 賀承之 王宗元

余世鏞 張國祥 許彥生 聶含鎮、胡銀 廖應謙

審查未合格，應予通知改善者 人

陸學 錢亦平 陳其壽 羅映春 袁文之一
周根業 章德宣 任瑞生 曹健采

本店新社員日益增多，為保証成份之優秀起見，必須加強教育與組織工作。除充實原有之「店訊」及「我們的生活」外，應編印小叢書及舉行巡迴視察辦法以實現之。

四、嚴長衍同事於廿八年冬去桂林處理西南區業務，自廿九年一月起停止支薪，不就新調生產部主任之職務，並於六月六日起停止簽到，並拒去請假手續。總處以業務重要，未予照准。六月間，通知暫任西南區購料及運輸職務，支薪數九百三十元，未有工作報告，其間兩次函詢，尚未得覆。十二月十一日来信提出辞职。查严同事为本店创始人之一，自主持书报代办部，至负责本店营业以及创办粤港渝蓉等重要分店，劳绩卓著。依照「服务规约」有「凡遇停职处分时，应检查其全部服务劳绩，以考虑能否减轻惩戒」之规定，应予从宽处理，以爱护有劳绩之干部。本店於廿八年十二月十四日致严同事长信，关於此问题述说甚详，试待其回信，再行处决。辞职暂未照准。

主席　韬奋

人事委员会第六次临时会议纪录

廿八年十二月卅日下午三时在总处

出席者　张锡荣　徐伯昕　韬奋（黄洛峰代）
顾一凡（黄宝珣代）　孙明心　甘蘧园（[illegible]代）
范广桢（胡耐秋代）

主席　徐伯昕

记录　张锡荣

讨论事项：

一、海外同人薪给问题；

二、店长责同事犯规案；

三、李培元同事犯規案；

四、方学武同事請假案；

五、張東壁同事辭職案；

六、吉伽夫同事要求调職案；

七、魯昌年擅印書店重刊致處案；

八、暫記欠款集中處理問題；

九、推定第九屆選舉候選人提名委員會二人案；

十、張知辛同事請長假案；

十一、金汝祥同事犯規案；

議決事項：

一、海外各地分店同人支取薪水，在當地通用貨幣對價較高於國幣時，得參照本版圖書售價，予以折扣，發給當地通用之貨幣。根據此原則，決定香港分店同人按照原薪六折發給港幣；新加坡分店同人按照原薪四折發給叻幣；廣州灣分店同人按照原薪八折發給白銀。所有津貼除最低生活費津貼外，亦照薪水標準折合發給之。

二、據滬店上同事聯名報告，“廿九年生活日記”之印造，由於印刷課長黃同事怠忽職守，增多處理上之困難。事實如此：（一）日記稿係於八月廿九日交與同事，而他擱置直至九月百始發排；（二）將印刷所發票積壓，未將結欠總數隨時報告負責人。(三)日記清樣，於十月廿三日齊全可以付印，但積擱至十日由別人發覺，遂得送去，以致印刷所說本店「清樣沒有寄來，却催付印，真糊塗」。(四)當印刷所提出償還舊欠，並以停印日記相要挾時，他站在旁觀者之立場，並說「有八千元即可去取」「吊桶落在人家井里」「最後一只棋子科学不得不用」，「沒有意見，自問对店盡力已够，沒有去店，因為他後要到科学跑跑」等語。庹長貴同事对於上述各點之解釋理由不够充分。他已請假來渝，待到渝面詢後，再行議處。

三、李培原同事於廿八年十月十五日任職湟縣流動供應所時，來信報告總處，云有一不知姓名且無証明文件之人，前來家理店務，因形跡可疑，而予拒絕接待。後由阮賢道同事來信聲明，阮同事於十月初由金華分店代理負責人派往涇縣兼取賬單及調查業务，携有介紹信，且李培原同事曾同他熟識，此次故意拒絕處理職务，実出於私情不睦。関於阮同事所称各節，已由熟知双方歷史与事実經过之同事二人予以有力証明，属実，據此，李培原同事妨碍業务，侮辱同人，虛構事实，实犯重大過失。惟李同事平時对於職守尚称忠誠努力，得以從輕处分，予以書面警告及、以資懲戒。

四、方学武同事於請假壹年求学，因本店現有工作人員不敷分配，碍难照准。

五、張秉璧同事因病辭職，應予照准。

六、吉樂同事請求調至總处任職，查於廿九年一月間調整人事時合併考慮之。

七、魯昌年同事死亡撫恤办法，本会第十次常会已有決議。胡建坤同事補行報告，魯昌年同事于業務工作已殁事實，但當時宜昌有相當医藥設備，且彼在停業期内，事實上無必須業務工作之理由。據此，應仍照原議撫恤办法办理之。

八、同人暂記欠款，為便於查核計，今後集中總处登記之。

九、推定張錫榮、莫志恒二同事代表本会参加候选人提名委員会，討論第六届选举事宜。

十、張知辛同事因工作興趣轉移，要求准予請長假，茲准予請假二月，期滿後再來復職，作自動離職論。

十一、金汝楫同事负責渝店郵購課工作，自五月四日重慶市区遭大轟炸後，郵購信件擱積頗多，隨处即請分手帮同办理，後據金同事報告已完全办清，並無擱積。惟本会於十月下旬，據重慶分店负責人報告，尚有四、五月間之郵購信件二百餘封，均係尚未办理完畢者，私自擱積，未曾办清，分店報告负責人。此事顯係工作成績

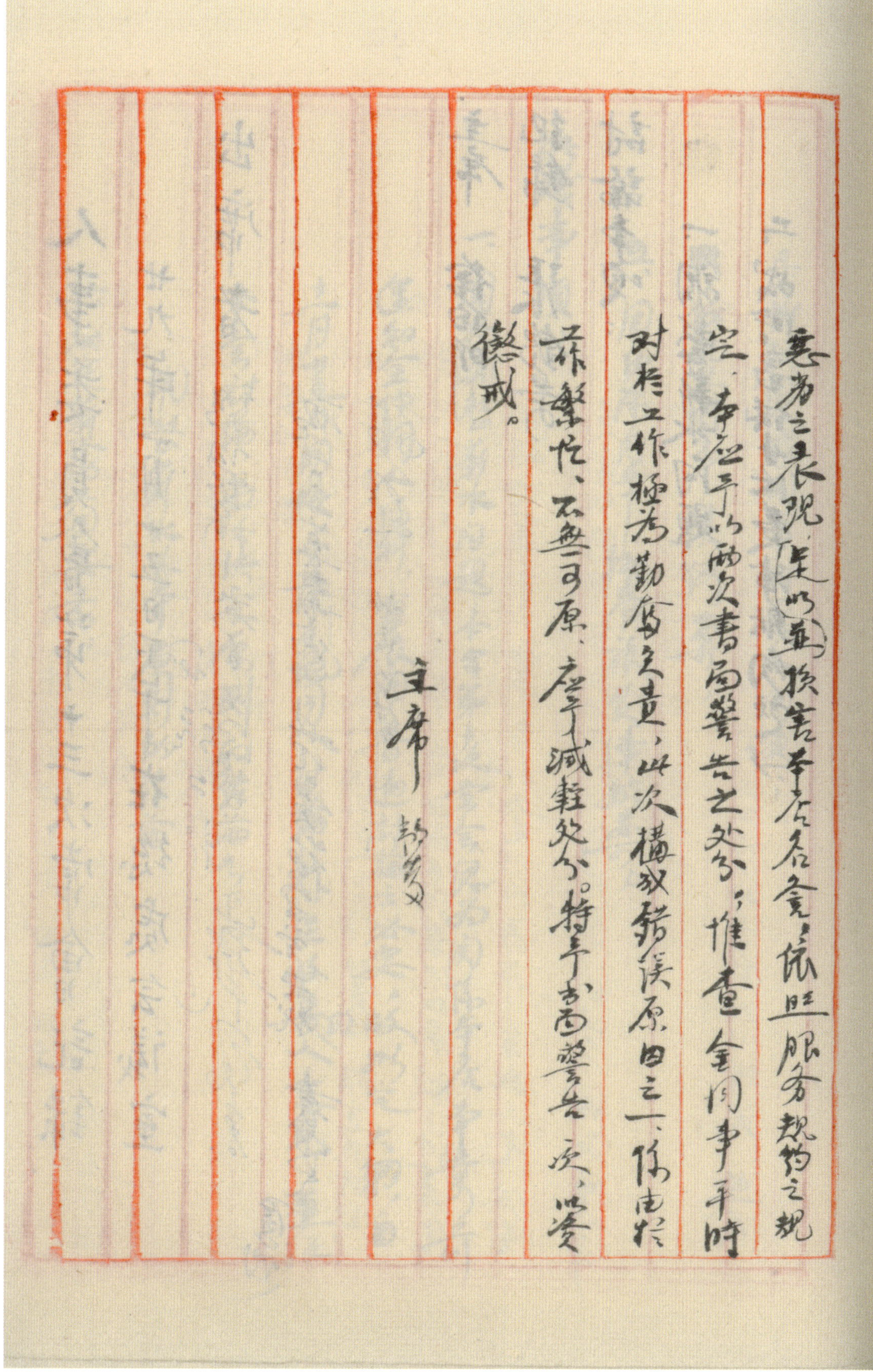

惡劣之表現，（是以並）損害本店名譽，依照服務規約之規定，本應予以兩次書面警告之處分，惟查金同事平時對於工作極為勤奮負責，此次構成錯誤原因之一，係由於工作繁忙，不無可原，應予減輕處分，特予書面警告一次，以資懲戒。

主席 韜奮

人事委員會第十三次常會記錄

廿九年一月十五日下午在总處会議室

出席者 張錫榮 李濟安（邵公文代） 薛迪暢 嚴長衍
顧一凡（黃志焜代） 范寰楨（周積涵代） 袁信之 閔[illegible]
孫明心 徐伯昕

主席 徐伯昕

紀錄 張錫榮

討論事項：

一、調整薪水問題；

二、戰時最低生活費津貼問題；

三、代解同人家用津贴汇水问题；

四、任乾英同事供假案；

五、周幼瑞同事，接眷旅费津贴案。

决议事项：

一、关于调整薪水问题 本会第十次常会认为关系本店事业前途和全体同人福利，有展开普遍讨论之必要，故拟定大纲，自十一月廿五日开始，分发各地同人讨论。嗣经收集同人意见，并经本会讨论，最后决定原则的结论如下：

调整薪水基本原则的结论

一、决定薪水的三个要素：

A、開始時的職位，（練習生、練習員、職員、勤工）

B、工作過程中的歷次考績；

C、現在的工作成績、責任和能力。

二、調整的步驟：

A、查考每人開始時的職位及現在每人之工作和責任，確定其職位，

B、根據歷次的加薪標準，過去每屆平均最低加薪額，練習生開始時半年，每半年加五元以後，每半年加三元，練習員開始時半年加五元以後每半年加三元，職員每半年加三元，勤工每半年加壹元半

C、依據上面並以現在每人的工作和責任加以增減，並令

酌定每人現在應得的薪水。

三、調整的原則：

A、工作成績、責任輕重和能力強弱的比較；

B、歷年功過的比較、

C、同等工作的服務年代比較；

四、調整的標準、

A、適合按勞取值；

B、適合目前的生活程度；

C、適合本店的經濟力量，

根據理事會先年度之預算、本年薪水及津貼項下之開支總額十三万，除将编审委员会薪水政则改革项下外，计较上年实际支出之薪水及津贴总额约增加三万五千元。此项增加之数额，相当符合原则规定之需要。特推定邹韬奋、孙明心、胡耐秋三人，根据原则之规定，并配合预算增加之数额，草拟个别调整薪水之具体数字，提交本会讨论决定调整之。

二、关于战时最低生活费津贴问题，根据调整薪水基本原则的结论附件之规定，应调查各分店所在地之物价，计算最低生活费额。此项最低生活费额超过维持生活薪额（八元）时，应以其超过之数，普遍津贴在该地服务之同人，不论薪水大小。此项办法，自元年一月起实行。并将最低生活经需此項目及全年必需量規定如下，各地同人應領受津貼及其津貼多寡，均以此為準：

品名	每年需要量	單價（重慶）	共計
衛生衫褲	乙身	六元五角	拾叁元
絨衫絨褲	三身	六元二角	拾捌元六角
汗背心	三件	一元	三元
襪子	十二雙	一元二角	拾肆元四角
布鞋	十二雙	二元二角	貳拾陸元肆角
毛巾	六塊	九角	五元四角
牙刷	四把	五角五分	二元二角

品名	數量	單價	合計
牙膏	四支	九角	三元六角
肥皂	六塊	七角	四元二角
理髮	十二次	柒角	八元四角
洗衣	十二月	二元	貳拾四元
信封信紙郵票	十二月	五角	六元
香烟費	十二月	一元五角	拾捌元
洗澡	十二次	七角	八元四角
什費（零碎消費）	十二月	二元	貳拾四元

上列品名及每年需用量，依照重慶最近物價計算，每月最低生活

總計壹百柒拾玖元六角

費額為十五元，計超過陳調生活費額（八元）七元，於自一月份起每人

平均每月拾五元

加薪，戰時最低生活費津貼七元。

三、代解同人家用，前路時委員會原有办法規定，限薪水五十元以下者，每月由渝店劃付廿元，滙費津貼。但因滬店現款缺少，無力支付，且在內地由同人自行另呈滙寄，費用較省，故須改訂原有办法。津貼滙費之章則仍予保留。

四、任毅英同事自滿徒后兩月，應予照准。

五、周幼瑞同事尚未結婚，与規定接眷津貼办法未合，不能領受該項津貼。

六、接眷旅費津貼办法第四条文字不明確，應修正如下：

「此項旅費由本店津貼，惟只限三等車船票；凡旅途

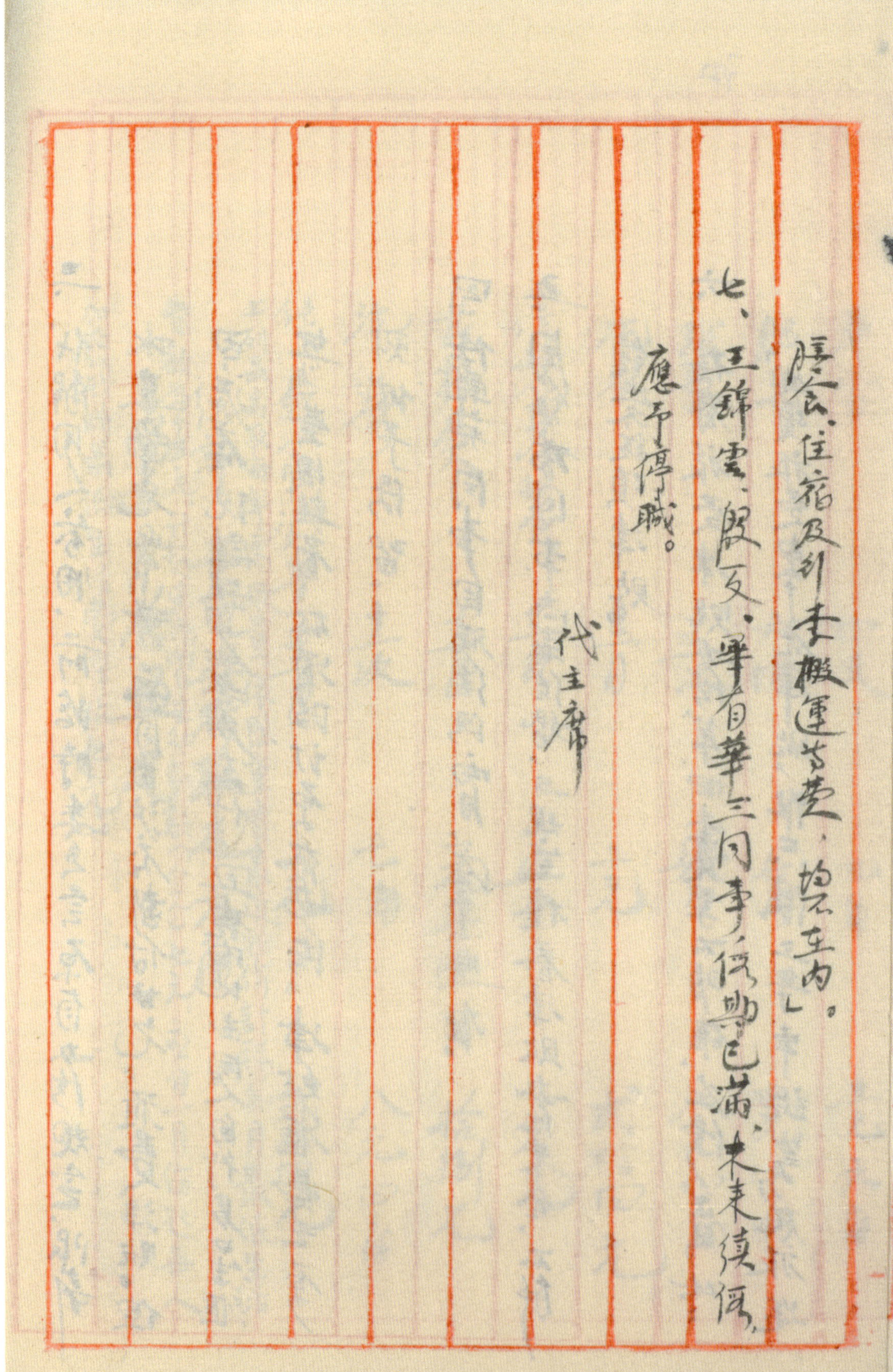

膳食、住宿及行李搬運等費，均不在內。

七、王錦雲、殷文、畢有華三同事，假期已滿，未來續假，應予停職。

代主席

人事委員會第十四次常會記録

廿九年一月廿七日下午二時在總處二樓

出席者　李濟安　孫明心　袁信之　黃寶珣

張一凡（[illegible]代）　[illegible]（張錫榮代）　邵公文

艾寒松　甘蘧園　徐伯昕　鄒韜奮

張仲實

主席　鄒韜奮

記錄　張錫榮

討論事項：

一、金偉民犯規問題；

二、劉枕之請假問題；

三、區解漢失款賠償問題；

四、區漢區提出反証案；

五、接眷旅費津貼辦法修改問題；

六、携眷旅費津貼辦法修改問題；

七、滙款滙費津貼問題；

八、調整薪水問題；

九、取銷家屬津貼問題；

十、莫志恒妨礙店譽問題；

十一、朱樹森請假問題。

决議事項：

一、金偉民同事於卅八年秋任職衡陽分店時，有下述犯規行為之事實：(一)用本店名義，寫介紹信為某軍人證明身份，幸遭該軍政事處拒絕，並由某同事見檢索回介紹信，始免肇事。此事經由衡店同事五人一致指出，並經調查屬實。按本店係一商舖，與軍事機關毫不相干。金同事逕用職權顯然失當，且足以妨害本店名譽。(二)對待同人態度欠好。又某次當眾發言：「同人互折賺錢，或許會人折售出，互送上面參利」，又又罵某同人「吃狗還不如」等等，引起同人誤會与不滿，可見不解充分合作与和衷共濟。擬：應予以勸告一次以資懲戒。

二、劉執之同事需要休養身体，且須趕寫款者，擬請兩個月以上之長假，或減少半天工作。此案經本會会第十一次常会決議，半天工作辦法，因辦事效率頗受影响，今後不便採用，而准劉同事請假三個月，假期於職務有人接替後開始。但據一月五日上海分店負責人報告，劉同事堅持減少半天工作要求，否則辭職，為避免妨礙工作之進行，已予允許辦理。按劉同事此項要求與本店整個管理原則不符，應予婉勸，仍維持原議。

三、區醒漢同事於廿九年一月間任職廣州灣分店時，遺失公款捌拾伍元，應照章賠償。惟區同事月薪所入較少，准许自廿九年一月份起每月扣还三元，卅二年五月内扣清。

四、查廿八年三月十日，前临时委员会对于广州分店一部份同事私营翻版犯规案的决议，关于孟汉臣部份所争之事实中，有此两点：（一）「自从他派员接替孟汉臣同事会计职务后，孟汉臣同事始终未将进货帐交出。」（二）「查本店向远东出版社进货，自三月五日起至十日止，共计一千六百三十五元，而至三月十三日至廿五日陆续付款，竟达一千七百四十元，即超出一百〇五元，均由孟汉臣同事核付」。现据由香港携到之广州分店进货帐所载，对于上述之点有反证之事实：（一）进货帐中间有包士俊同事所记之笔迹，可以证实孟汉臣同事并无将进货帐秘密之行为。

（二）三月十日所記進貨遠東出版社發票第五三號，實在三月廿五日
後補記發票第五五、五六號二筆（係三月廿四日以前所開）計貨價
式百念捌元；由此可證其實際上付款業超過貨價。根據上述
兩点反証之事實，由本会主席研究之結果，認為孟漢臣同
事根本上述反証之事實，可以推翻上述臨委會決議關於孟
（所舉之兩點事實。但在臨時委員會決議關於孟漢臣部份）
漢臣同事部份所爭之事實中，尚有「分次付與遠東出版
社之款，多由孟漢臣君收取」、及「九月十四日，廣州已危急時
而孟漢臣同事撥付遠東出版社貨款式百元」等各点，經向
當事人及當時在書店工作之各同人詢查結果，未得充分
反証理由之解釋與事實。因此，前臨時委員會對於

孟汗臣同事犯规等的决议原案，仍应维持。

五、接眷旅费津贴办法第二条，应修正如此：「可接眷属以夫、妻、子、女、未婚夫、未婚妻为限，惟接未婚夫或未婚妻，本人须年满半年，并接至工作地点后即结婚或同居者为限」。又第三条修改如此：「每人至多享领三个人之津贴。接至工作地点后，本人须继续服务至少一年，否则应追还已发之津贴。」

六、修正通过携眷旅费津贴办法如下：

携眷旅费津贴办法

一、凡本店同人因工作地点迁调而需携眷同行者，可以援用本办法。

二、所携眷属以夫妻子女为限。

三、每人至多享领二个人之津贴。

四、此项津贴以三等车船票为限。

五、凡携眷者须向当地负责人书面申请，並核始得具领。

六、本办法自通过之日起施行，並得随时修正之。

七、本店同人匯款至上海，因匯費高漲，前臨時委員会原訂有津貼匯費之办法。兹将該办法修正如下：㈠凡薪水在二十元以下而匯款至上海作家用者，得享受本办法。㈡每月每人最多限匯二十元，匯費由店津貼。㈢此項匯款，須由内地同人以私人名義直接匯出，憑匯款收條，經分店經理証明，向本店領取津貼。(四)本辦法實行後，上海分店停止代劃家用。(五)如發現係為代別家滙劃者，即永遠取消其享受上項權利。

八、本店薪給，今改採用等級辦法，確定各等級數額如下：

等次＼級次	第一級	第二級	第三級	第四級	第五級	第六級
第一等	八元 A	十元 B	十二元	十四元 C	十七元	二十元
第二等	二十元 D	廿四元	廿八元 E	卅二元 F	卅六元	四十元
第三等	四十元 G	四十四元	四十八元 H	五十二元	五十六元	六十元
第四等	六十元 I	六十五元	七十元 J	七十五元	八十元	八十五元
第五等	八十元 K	八十八元	九十六元	一〇四元	一一二元	一二〇元
第六等	一二〇元 L	一三〇元	一四〇元	一五〇元	一六〇元	一七〇元
第七等	一七〇元	一八〇元	一九〇元	二〇〇元	二二〇元	二四〇元
第八等	二四〇元	二六〇元	二八〇元	三〇〇元	——	——

說明：(甲)A.第一等第一級為練習生起薪額。

B.第一等第二級為技工起薪額。

C.第一等第四級為練習員起薪額。

D、第二等第一级为职员起薪额。

E、第二等第三级为中心店组主任起薪额。

F、第二等第四级为普通店课主任起薪额。

G、第三等第一级为中店课主任及办事处主任起薪额。

H、第三等第三级为普通分店经理起薪额。

I、第四等第一级为中心分店经理及总处科主任起薪额。

J、第四等第三级为总处部及区处副主任起薪额。

K、第五等第一级为总处部及区处主任起薪额。

L、第六等第一级为编审委员起薪额。

（乙）1. 第一等各级每半年加一级至三级。

2.第三等至第四等各級每年加一級至二級。

3.第五等各級每半年加一級。

4.第六等起各級每年加級。

本店一月份普遍調整薪水，即可運用上述辦法處理之。

九、本店廿九年度之預算中，根據薪水佔總開支百分之五十之原則，決定增加支出三萬六千四百元，作為調整薪水與擴大津貼之用，以改善同人待遇。按照調查各地物價之結果，戰時最低生活費津貼擴大與普遍發給全部增加總額已達二萬一千六百元，按照最近確定之薪給標準，普遍調整薪水，全年增加總數約一萬四千八百元。以上兩項適合預算中增加支出之數額。戰時最低生活費普遍發給並合理調整薪水後，同人待遇已相当普遍提高，並自一月份起補發，原有家庭津貼一項，可以暫緩施行，待日後本店經濟能力較寬裕時再行考慮。

十、莫志恒同事於一月八日致函某編輯人，対於本店绘图稿費办法，作如下之批評：「関于编審会通过之绘稿给酬办法，相当苛刻，因为那还是战前的標準。……这些对於绘图人的苛刻待遇，不过是某些极少數的市儈遺毒的表現。」莫同事此種批评，显然不查以(一)绘图稿费拟定時，莫同事参与其事，並未提出補充修改之意見；事後在背後函批評，实不合民主集中的精神。(二)所定给酬办法即尚欠充分優待，以本店立場言，是減少支出，符合本店求经济自立之原则。莫同事作此种批评，实未了解本店合作组织之原则。（三）对于店外人作此种批评，充分显出本店内部同事意见之有错误，辗转传播，足以妨碍本店名誉。且侮辱同人为「市侩」，实违反和衷共济忠诚合作之原则。依据上述，本应予以应有之处分，惟姑念系致私人信件，与公开发表之文件不同，故仅予以口头劝告一次，并纠正其错误之见解。

十一、朱树兼同事因继续求学起见，请假一年，应予照准，假期自廿九年二月三日起至卅年二月三日止。

主席 [illegible]

人事委員會第五次常會紀錄

廿九年二月七日下午三時在總处二樓舉行

出席者：徐伯昕 孫明心 華風夏 張錫榮 邹韜奮

胡耐秋（代范庚波） 莫志恒（代顧一凡） 黄洪年（代袁信之）

邵公文（代艾寒松） 李濟安（代嚴文新）

主席：邹韜奮

記錄：張錫榮

邵公文先生報告：

本局調整薪水，依據本会所定原則具体分配细数事，由本會

推定邵公文、胡耐秋、孫明心三人会同會主計部研究準備、

新任總經理、經理會同總務部擬定如下：

總處：張錫榮 100 112　黃寶珣 87 96　徐植醒 43 48　馮予 51 56　丁潔如 16 20　邵公文 90 104

黃洪年 57 44　張志民 70 80　孟漢臣 70 75　沈百民 38 44　閔適 28 32　陳正為 14 24

湛安 50 70　王志葛 29 32　胡順泉 40 44 43　倪裕祥 20 24　胡耐秋 53 60　郭金群 20 20

孫明心 110 120　沈軼 27 32　邵俊甫 24 28　莫志恒 62 70　解子玉 16 20　姜文椿 37 40

陳四一 51 54　王鴻達 13 16　黃爽三 12 14　汪占魁 11 12　蘇有余 10 12　程浩飛 40 52

殷國秀 25 32　華秀禾 25 28　孫達仁 35 36　華克紉 20 24　沈志遠 200 220　柳湜 150 160

廖庶謙 150 160　胡繩 120 130　趙志鉞 27 32

渝店：李濟安 66 75　華鳳良 35 40　徐敬達 59 40　張國鈞 50 56　謝榕水 26 28　吳復之 22 28

馮霜梅 23 28　金佐祥 55 56　許彥生 23 32　戴佩鈞 27 28　王大煜 25 28　李宗裕 15 20

黃錫鈞 20 28　張建之 8 14　麥雨人 15 20　曹良剛 12 14　李德勳 10 14　袁太信 17

丁希馬 10 14　張鈞文 8 12　錢子海 8 14　劉新 8 12　田裕昆 14 20　王俊桓 16 20

孫昌白 14 18　龐華清 10 14　錢志明 10 12　吳堅冰 10 14　劉哲欽 11 12　黃志遠 10 12　黃志鈞 12

蓉店：胡連沖 44 48　顧根榮 40 44　張文星 30 32　薛全 18 20　彭朝生 14 17　壽志白 10 14

王安武 10 14　張世春 12 17

宜店：賀承先 32 40　王海瑞 14 17　林寶來 14 17

陝店：周不宗 48 52　周德潤 48 52　葛志溪 14 17　王寬仪 12 14　王自立 12 14

蘭店：薛迪暢 66 75　何秋元 50 56　楊長興 12 14　商振業 12 14　薛天鵬 45 48　崔詠華 12 14

筑店：張子敃 72 80　沈炎林 30 32　張國祥 23 28　濮光達 16 20　熊蘊竹 16 20　何祖鈞 10 14

滇店：畢子桂 67 75 曾建章 37 44 李亦方 20 28 周毅济 15 20 楊玉昆 15 20 趙儒林 10 20
刘泰琳 6 12 方信顯 9 12 董順華 14 20 殷醒夫 20 24

港店：陳雪嶺 89 104 趙曉恩 54 60 沈俊元 40 48 吴允璋 36 44 馮景耀 20 36 周遐春 21 28
瞿悦明 50 56 羅顥 30 32 楊廣福 25 32 錢小柏 35 44 何步云 32 36 戴維傑 20 28
章德宣 30 32 潘敬士 20 24 王作陽 18 24 談春彪 27 32 趙梓樾 16 20 汪祥瑞 18 20
袁文真 10 12 黄子堯 15 17 何禾 15 17 吴桐林 25 28 雷瑞林 14 17 金世森 15 17
梁芹 11 12

星店：甘遽園 190 200 包皇俊 35 40 金世禎 37 44 江明深 15 17 凌輝去 12 17 張桂全 6 10
賴志清 6 10 黄秀華 6 10 畢四 9 12 李嘉傑 10 12

梅店：周幼瑞 40 48 任乾英 34 36 吴德邁 24 28 林善銓 12 17 余生 6 10

赤店：張明西 40 44 章長庚 20 24 皮醒漢 26 32 倪寬 21 24

南平：傾一凡 40 44 陳云才 25 32 張春生 24 28

滬店：王太来 80 88 朱平初 37 40 陸九華 55 60 袁信之 35 40 黄孝平 28 32
王敬德 27 32 祁宝恒 27 32 王仁甫 21 24 楊又方 56 60 劉桂璋 37 40 陳文鑑 37 40
殷荣寬 22 24 崔福剑 17 20

桂店：諸祖荣 62 80 卞祖纪 56 65 羅樹章 46 52 徐士林 36 40 陳文江 51 56 施勵吾 39 44
洪俊涛 34 36 畢子方 31 36 諸侃 28 32 姚慶元 17 20 陳竞璭 17 20 曾志印 17 20
唐里之 16 20 薛天鹤 18 26 董凱 20 24 曹厚德 20 20 任康 13 17 蔡云竞 10 14
郭荼 10 14 顧清和 10 14 潘宗興 22 32 黄宝奥 23 24 韋錦順 15 18
潘杏寿 10 14 崔奎元 12 14

贛店：蘇尹鈺21 28 陳樹南21 28 周松林19 24 姚祖詒10 12
鄞店：卞鍾俊61 65 張石水42 48 熊清泉21 24 許季良14 20 陳幼青12 20 徐保表15 20
章敏之17 20 盧錦泉15 20 馮益謳12 14
梧店：陳國樑33 36 胡祖孝8 12 鍾達12 14
衡店：金偉民37 40 方學武33 36 王彥元20 24 王健行23 24 郭智甫17 20 沈勤甫10 14
劉德武12 14 趙海青23 24 王振漢16 18 曹淦泉20 24
嚴長康73 80 鄒振華44 48 馮放就33 36 何小平20 24 聶秀鎮21 24
曲店：畢青30 32 毛樹風11 14 李仁哉35 40 馬斌元22 24
羅定：張又剴49 52 許覺民28 32 甘觀翔14 14
立煌：方鈞35 40 朱錫明13 17 嚴承明8 12
雲嶺：李耀祥28 32 胡嘉21 24 袁潤21 24
麗水：江中元29 32 王碩群18 20 杜福泰23 24
金華：楊永祥30 36
黃寶元48 48 陳其襄78 80 孫鄂人35 40

討論問題：

一、本店加薪問題；

二、嚴長衍同事請假案；

三、周幼瑞、李仁戡申請療養旅費津貼案；

四、戴三同人互濟會案；

五、黄寶珣同事待遇問題案；

六、張子敢同事犯規案。

決議事項：

一、邵公文同事報告南方各店調整薪水具體分配之數字，查與本會所定之薪給標準及加薪總額相符，應予通過，但為更求審慎周到起見，特予各地負責人保留參與意見之权，並請當地負責人認為尚有未盡善之处，可以重行提出考慮更動。

二、嚴長衍同事於廿八年冬在桂林處理西南區業務，自廿八年一月起停止支薪，於二月六日起停止發刊，同時不就新調生產部主任之職務，並提出請假半年之說。總處以業務重要，請假未予照准，六月間，通知嚴同事暫任西南區紙料及運輸職務。嚴同事向在香支款九百三十元，未有工作報告，其間二次函詢，未得覆書。十二月十三日，來信提出辭職。查嚴同事為本店最老幹部之一，自主持書報代辦部，負責本店營業發創办與漢、香、滬等重要分店，勞績卓著，今茲從寬處理，以愛護有功績之幹部，故於十二月十四日致嚴同事信中，作最後之挽留，迄今為時已將兩月，未得覆書，可知已無挽回餘地，特准予辭職。其全部未了銀錢出入，擬暫予以清理之。

三、因沈瑞同事接未婚妻張慧珍由上海至梅縣，費用約九十元，查與規定辦法尚無不合，准予於三月份領取津貼。李仁武同事接妻韓韻梅由百官至桂

林，费用约一百五十元，准予四月份领受津贴，

四、为业务部同事提出成立本店同人互济会案，原则甚好，惟本店已有同人自治会之组织，为求简单起见，此项互济工作可併入自治会同人福利组办理，

五、黄宝珣同事因过去曾一度出社，薪水据称尚有问题，此事应由总经理经理研究调查後，再行考虑之。

六、张子敏同事於廿九年一月间致书代理监察委员毕云程先生，由毕先生转交徐经理，後由徐经理交邹总经理审阅，其中涉及本店纪律者有三点

(一)"我对事业所抱的积极心改变成暂时採取消极的作风。同时由环境的教训，使我个人的举止需要多掩饰，不能极单纯的专心一意在店的事务圈子里，因此最低限度内为职教社贵阳办事处的某些工作

需要去效勞，就在它的補習學校裡也得要在業餘去義務負擔學部會計班的教席」(二)「由於韜奮這次瘋狂的舉動，一方面使我在重慶無從工作，同時也無心工作……韜奮的下意識作風太濃厚了，就我親身感到的舉一個例罷，不能採取相互批判辦法來進行理論斗爭，祇想用地痞式搗亂，這是不會有好結果的，這是決不能成為領袖人物條件的」(三)「敵人與時局發展趨勢促成監委成立與夫提議監會決議此三案者，於公於私當亦有其職責與使命存在，雖於事先未能周細心處復信發起，但就以上所分居負責人離開工作地點有例言，亦並無即行有犯峻刑嚴法之處分者。應注意服務細則在事後發表者，即可知以公謀私矣。」根據張同事自述之第一點，對工作抱有消極態度，足以損害本店營業……第二點，顯然侮辱負責同事。第三點，張同事雖表面上接受人委會之勸告，而實際上並未接受，亦並未正式提出異議，此足以表示其事實上不服從合理之指導及督察。此三點均係犯規行為，應按照服務規約之規定，予以嚴重警告之處分，以資懲戒。

主席 韜奮

人事委員會第拾陸次常會記錄

廿九年二月廿八日在總處二樓舉行

出席者：張錫榮 孫明心 范壽康（張錫榮代） 袁信之[illegible]

張又新 [illegible]代 [illegible]

邵公文 顧一凡（莫志恆代）

主席 鄒韜奮

記錄 張錫榮

討論事項：

一、畢子桂善後問題；

二、黄寶興善後問題；

三、華風夏、王志萬、林震東請假問題；

四、工友薪給標準問題；

五、女同事生產津貼問題；

六、本店決議案發表原則案；

七、「三八」節女同事放假問題；

八、總處同人於三月六日失竊要求賠償案

議決事項：

一、畢子桂同事任職昆明分店經理，於廿九年一月間患腰疽，延醫診治期內，二天不能起床，後稍癒，因事務繁忙，仍照常工作。繼患急性盲腸炎，經施行手術割治無效，於二月六日逝世。查畢同事在服務期內，工作成績甚為優良，自主持昆明分店後，人少事繁，身兼數職，辛劳过度。此次得病不治，实带有局部因公之性質。畢同事於廿二年一月進店，服务七年又一月，按照本店「撫恤办法」之規定，應每月發給半薪三十七元五角，時期以八年為限，自二十九年二月起至三十七年一月止。此項津貼由其父畢舜卿先生收取，以資撫恤。喪葬費超出規定之數，予以追認。

二、黄宝興同事任职桂林分店什務，於廿九年二月十日，患急性盲腸炎，後轉成腹膜炎，医治無效逝世。黄同事曾於廿七年十一月間押運貨物由衡陽至零陵，在途被散兵误会殴傷吐血，從此身体頗受虧損，此次得病不治，實帶有局部因公之性質。黄同事於廿五年六月進店，服务三年又八月，按照本店「撫恤办法」之規定，應每月發給半薪十二元，時期以五年為限，自二十九年二月起至三十四年一月止。此項津貼由其妻黃氏收取，以資撫恤。喪葬費超過規定之數，予以追認。

三、重庆分店黄承文同事因回家省親，自二月二十日起請假三月，應予照准。總處王志萬同事擬請一年求学，因工作繁忙，未予照准。宜川办事處林震東同事自二月二十九日起因病請三月，應予照准。

四、本店工友薪给，今後採用等級办法，確定各等級數額如下：

等＼級	1	2	3	4	5	6
1	10	12	14	16	18	20
2	20	22	24	26	28	30
3	30	32	34	36	38	40
4	40	43	46	49	52	55
5	55	58	61	64	67	70
6	70	74	78	82	86	90
7	90	95	100	105	110	115
8	115	120	125	130	135	140

一等至五等 每半年加一級

六等至八等 每一年加一級

五、女同事生產津貼办法，交由總務部研究後再行提出討論。

六、本會所有關於人事之決議案件，除当時指明須保秘密者，或經由主席指定須保秘密者不予發表外，其他須在「店務通訊」發表，俾使同人明瞭本會處理人事之狀況，而資鼓勵与警惕。

七、「三八」婦女節，本店女同事如參加紀念集會，得按照實際需要之時間，准予請假，不扣薪水，以示本店贊助婦女運動之意。

八、廿九年二月六日，總處宿舍失竊，同人損失衣物約二百元。查当時門禁未嚴，宿舍未曾装置鎖及門，对於此次失窃，本店應負相当責任。待失窃衣物單交到後，再行考慮酌量賠償。

主席 韜奮

人事委員會第十七次常會記錄

廿九年三月廿六日在總處二樓舉行

出席者 孫明心 顧一凡（黃寶珣代） 袁信之 [illegible]

艾寒松 鄒[illegible]（[illegible]文代） 范[illegible]（[illegible]代）

徐伯昕 [illegible] 張錫榮 李[illegible]

列席者 甘[illegible]

徐伯昕先生報告人事：

進店者：總處邱王創、彭迪先、陳祥錦（原係前鄭分店同，改係復職）、汪憲明；滇店：許書、王若明、張企榮、劉本華；渝店王輝耀、裴恕。退職者：渝店林德辭停止試用，總處黄萸三、王志萬、孫運仁、郭念驊辭職，都店徐紹袁辭職，星店金世頎辭職。此外遷調者：孟漢臣由渝調滇，關適由重慶調渝店，仲秋之由蘭調渝，薛迪暢由蘭調蓉，胡建坤由蓉調蘭，林宗東由宜調蘭，方鈞調渝，袁潤由云調[illegible]梅，李培原、朱錫明、胡蘇由云調桂，王健行、沈勤南由衡調桂，郭智清、劉紀武、王彥元、王煥洪由衡調曲，方学武由衡調柳，許覺民由羅調柳，張又新由羅調桂，陸石水由柳調筑，周積涵由渝調筑。

討論事項：

一、海外同人薪給办法補充問題：

二、同人互濟會辦法問題；

三、黃寶珣同事薪給問題；

四、趙志成同事疾病請求津貼問題；

五、曲江分店同人失物請求津貼問題；

六、陳正為等三同人失物請求津貼問題；

七、楊文力、曹建章、王敬德、陸敬士請假問題；

八、邵峻甫同事升任職員問題；

九、張知辛同事續假問題；

十、同人離店後復職之待遇問題；

議決事項：

一、海外分店同人薪给，前经本会决议，按照当地发售书籍之折扣折合计算发给当地通用货币。唯新加坡同人按照四折支薪，与当地一般待遇相差过远，应将最低生活费津贴提高叻币三元，以资补贴。

二、本店为帮助同人解决意外之忧患起见，拟举办同人互济会，主要原则如下：(一)抽月薪百分之二，作为互助基金；(二)本店照所抽之数，津贴一倍，作为互相助基金；(三)基金之支用，分借款与赠送两种；(四)基金之支用，限于同人遭遇急难之事件。依据上述原则，由总务部拟具办法再行提出讨论。

三、黃宝珣同事於廿三年生活周刊停刊時退職，後於新生週刊創辦時復職，當復職時，減支薪水二十元（原為五十五元，復職時改支卅五元）。黃同事為此事請求予以追補。經本會主席向有關部份調查之結果，認為確係事實。但當時此項減支薪水之辦法，係黃宝珣同事於復職時自己同意辦理者，本會無權推翻六年前黃同事自己同意辦理之事實，是以未予以追補。但此項事實亦可作為本店調整薪水時考慮之一個因素，由本會主席斟酌處理之。

四、趙冬戎同事帶出在宜昌及總處服務期內，對於工作負責努力之情形，請求在病假期内，予以特殊之津貼。查同人对於本身負责勞力，係屬一般情形，趙忽然同事此次患病休養，未能認為局部因公之性質，是以仍照規定按月办理，未能予以特殊之津貼。

五、嚴長慶、邵振華、聶含鎮、冷金年四同事，當曲江危急時，匆促退出，遺失私人衣服鞋襪若干，請求予以津貼。查此係人力可以避免之事，本屆不予津貼。

六、張慶、陳飛方、孫定宅、黄法年於六月七日失窃私人物件約值一百餘元，因宿舍未曾装鎖或閂，以致無從謹慎防範，对于未曾装鎖或閂一点，本處須負相當责任，特予津貼失物价值三分之一，以帮助同人解决部份困难。

七、曹建章、杨文方、陆敬士三同事提出请假，据各方可靠之报告，在请假期内，已担任他处有报酬之工作。查该三同事在服务期内，工作成绩良好，应予挽留；如已决心担任他处工作，则应照章予以辞职。王敬修请长假到敌后工作，因工作繁忙，未能准许，应即准予辞职。

八、邵岐甫同事原任总处栈务科社工，兹经考试，成绩尚可，准予自四月一日起，升任为职员，以资鼓励。

九、张和平同事因在慰劳总会担任慰劳抗战将士服务工作，未能回店，要求续假。查张同事现已另任工作，應照章予以停職。但張同事对於本店事業有極大之熱心，並表示本店有確當之工作需要張同事負責時，當可放棄其他工作回店，屆時當予以考慮復職。

十、本店職工在離職期內，能力強弱或有變動，故於復職時，應根據當時能力強弱及職务輕重，重行酌定待遇。

主席

生活出版合作社

第五届人事委员会会议记录（第四册）

第五屆人事委員會會議記錄

第四冊

人事委員會第十八次常會記錄

廿九年四月十二日下午二時在總處舉行

出席者 鄒韜奮 顧一凡（黃寶珣代） [illegible]（[illegible]代）

徐伯昕 張又新（李濟安代） [illegible]

袁信之 [illegible] [illegible]（[illegible]代） [illegible]

主席 鄒韜奮

記錄 張錫榮

討論事項：

一、全汝揖工作問題：

二、施勵奮請假問題：

三、同人欠款問題；

四、最低生活費津貼更動問題；

五、徐啟運同事因病請假問題；

六、馮霜南同事失物請求津貼問題；

七、張巷民因病請假問題；

八、張子敬怠忽職務問題。

決議事項：

一、金汝揮同事任職渝分店郵購科工作，因成績惡劣，妨害本店信譽，曾於去年十二月卅日予以警告。三月以來，金同事工作成績惡劣之事實，頻頻發現，不一而足；且对於工作之態度日趋随便，工作能力日益减退，甚至神经畧形失常，均为共見之事实。按本店为一共同合作之团体，对於工作成绩十分重视，金同事既已無力勝任原已担任有年之工作，照最近所表现之恶劣状况，亦無其他適當之工作可以調派。故自本年四月十六日起，停止職務。因过失离职，照章未有退職金，惟念金同事任職已有七年之歷史，特济发给回鄉川资一百五十元外，並给退職金二個月，股款則全數退回。查此次金同事工作成绩恶劣而無可改善，其原因实由於家室问题处理未當，待此種原因清除，工作能力增進，而本店認為有恢復職務之可能時，再行考慮試用。

六、施勵青同事任職桂林分店郵購科，於二九年冒向請假二月，返鄉處理家務。按請假一個月以上之長假，照章應經本會之核准，而施勵青同事未照辦理，實係擅離職守之犯規行為。惟因事先徵得當地負責人之同意，得以減輕處分，應予勸告一次，以資懲戒。

三、本店同人借款，原有「預支薪水及借款辦法」之規定，但一部份同人由於疾病或其他不得已之原因，常向本店借款，漫無限止，截止最近為止，總數已逼近兩萬元。

此事虽有益於同人福利，但资金流转增加困难，影响业务前途甚大，故不得不加以相当之限制。今后同人借款，必由於疾病或其他不得已之原因而超过章程之规定者，须经本会之核准，方得支借。其超出规定之借款，至多以三个月薪水（股款抵押在内）为限，并须服务期满三年者方得享受。

四、目前货物价更趋高涨，本店最低生活费津贴支出浩大，不得不酌予减缩，以支持业务。兹决定暂将书报费每月一元五角一项取消，以免开支增长过大。

五、徐敬廷同事，自三月廿日起因病请长假，应予照准。所请津贴回家旅费一节，应按照规定办理之。

六、冯霜南因事于三月十七日在南门外出岸办公处失窃衣物价值一百三十元，请求本店予以津贴。查此与因公而人力无可挽回之情形不同，碍难予以津贴。

七、张志民因事因体弱请假，应予照准。职务交替及假期开始日期，由经理斟酌处理之。

八、张子明因事应解总处款项，两月未解，三次函催不复，对于职务有怠忽草率情事，待巡回视导员调查实况后，再议处理办法。

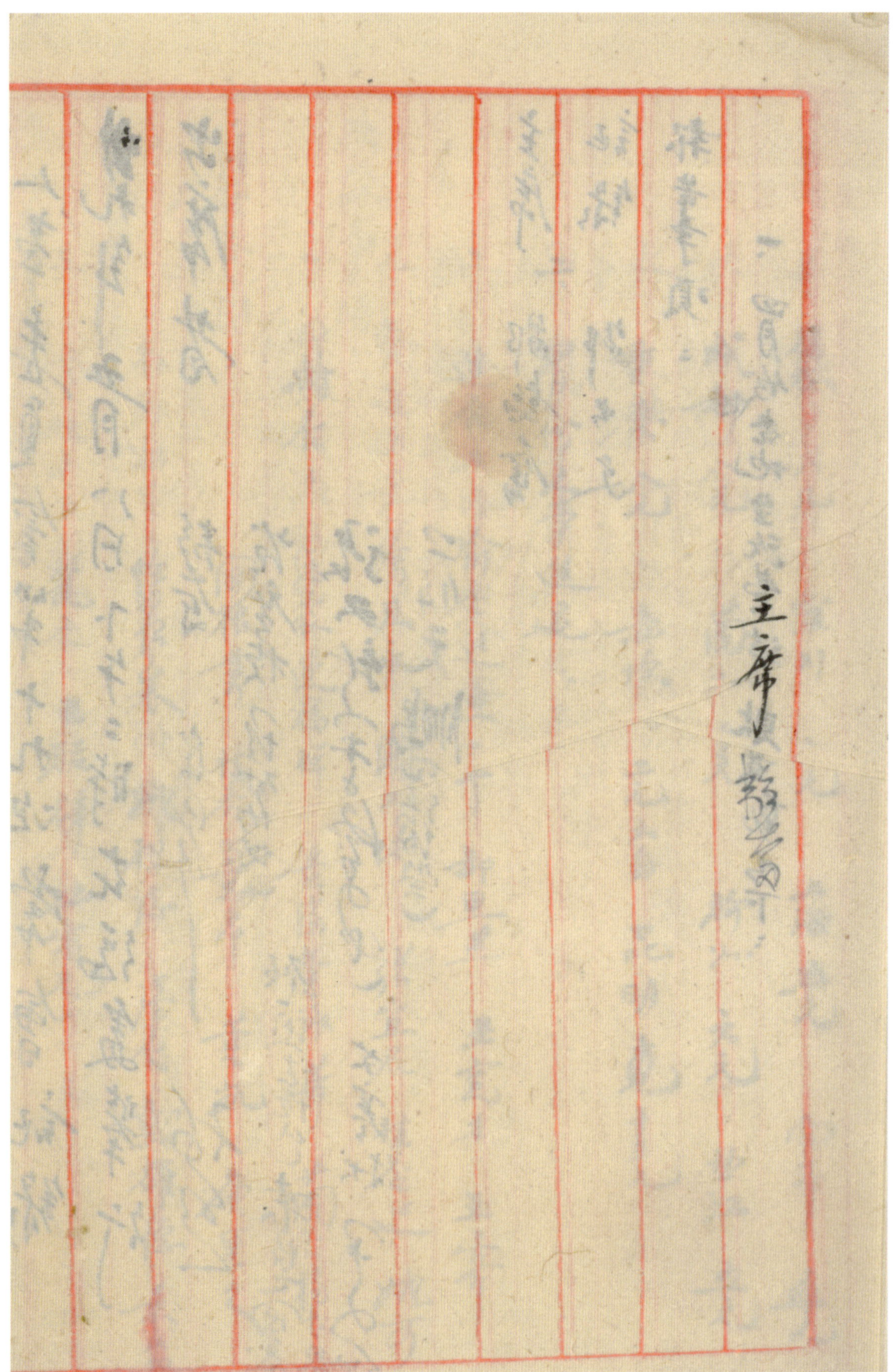

主席 韜奮

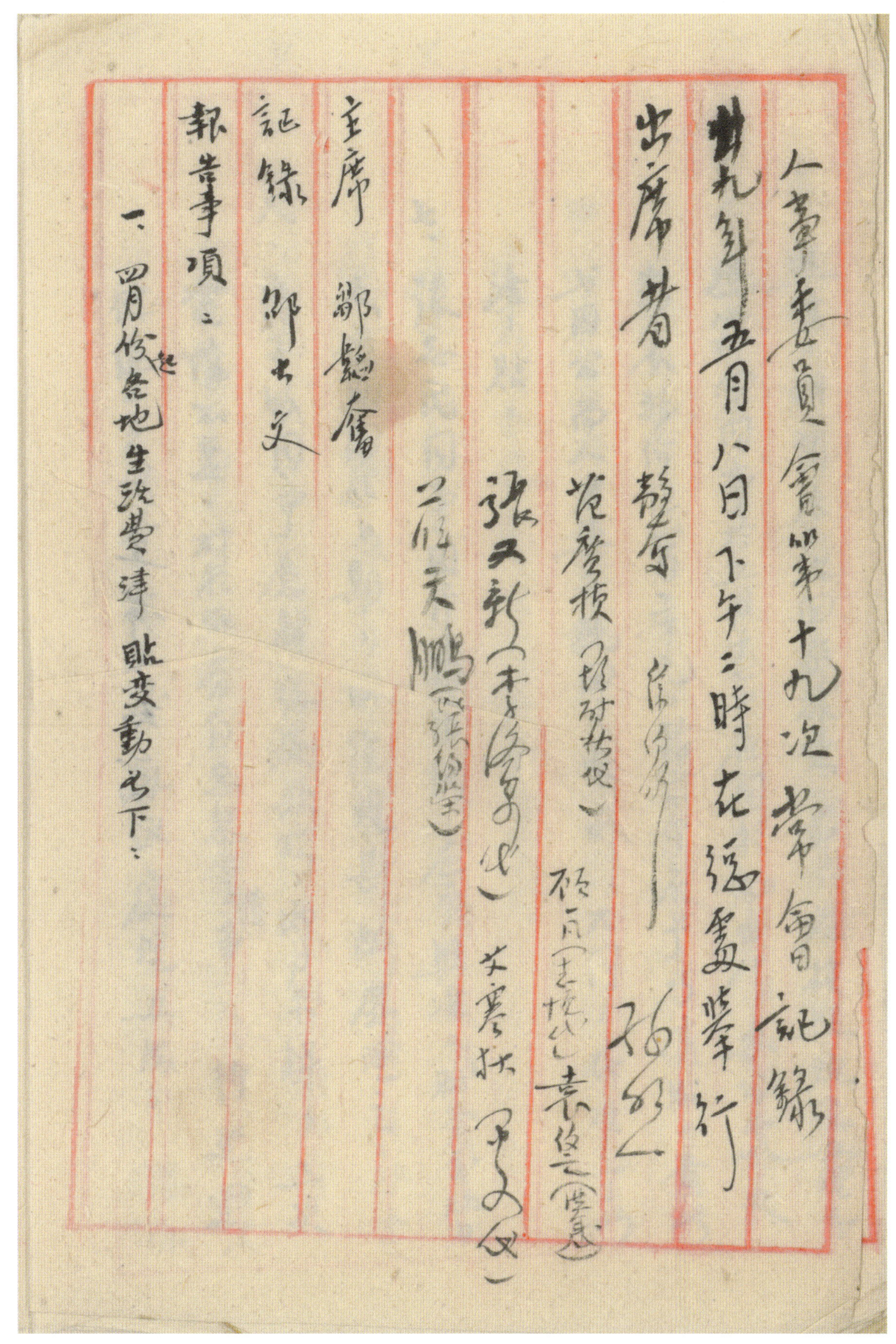

人事委員會第十九次常會記錄

廿九年五月八日下午二時在總處舉行

出席者　韜奮　徐伯昕　孫明心

范膺楨（張錫榮代）　顧一凡（王揆生代）　袁信之（[illegible]）

張又新（李濟安代）　艾寒松（甘蘧園代）

[illegible]天鵬（[illegible]）

主席　鄒韜奮

記錄　邵公文

報告事項：

一、四月份起各地生活費津貼變動如下：

生活出版合作社

第五届人事委员会会议记录（第四册）

桂林八元 宜川六元 上海五元 南平五元

成都八元 蘭州十元 柳州六元 曲江五元

重慶八元 赤坎白二元六角 昆明十五元十三元

六、四月份人事進退：

進店：渝店進陳一平 郝旦思 王寬才 王審

涂良永 謝之琦 張宜居 桂店進姚方

離店：延安倪福祥 貴陽董詠華 蘭店楊長吳

周根華 桂店萱志昂 董凱 唐星之

徐紹襄 姚祖德 蓉店戴耀德 黃吳梁

麗店王駿祥 江家元。

三、劉執之允恢復全天工作，艾寒松要求返渝，因滬地工作仍極重要，已決定仍請其留滬主持編審工作。

討論事項：

一、編委請假期薪給案；

二、黃寶元要求醫藥津貼案；

三、金偉民私營地產案；

四、張通英請假五月案；

五、馬斌元申請接眷案；

六、陳鳳九要求復職案；

七、黃寶昀薪給案；

八、沙彥楷根紗紛案；

九、李濟民旅費虧空要求津貼案；

十、馮霜橋失物要求津貼案；

十一、周家鳳醫藥費津貼案；

十二、各地物價、物品標準及生活津貼修定案。

決議事項：

一、編委因無簽到、又無例假，故平常請假亦不扣薪，最近沈志遠先生來信提出：渠二次去新，請假達六星期以上，要求減支薪水一月。現決定：以後編委請假連續在一月以上者，扣薪一月。致于沈志遠先生之假期，既非連續，而且二次去新，為本店連絡讀他文他界等，实有因公性质，故所请减支薪水一月，应毋庸议。

二、黄宗元因事于去年六月一日未发请病假，当时经处长未即行派员前去接替，迨使黄同事力疾从公，故有局部因公性质。其医药津贴毋另外津贴，实支数三分之一（至多不得超过五十元）以资同人患疟病后（须经医生证明）时即行准假休养为原则，如果准假后本人职务亦由会中概不负责，但如遇特殊情形，虽已得病而亦不得不由自己处理，且亦无人接替或接替之人一时不能到达者，则可另外考虑。

三、张方正武因事根共、刘彦金伟氏因事有私营他务等事並被记出人二位，此事决定是前训导员叶铭荣因事过挂衔时切實調查後，再行接辦。

四、張逸英同事要求自四月一日起續請病假三月，照准。

五、馬鐵光同事申請接眷，條件尚無不合，予以照准，津貼本月份支付。

六、陳鳳九同事前在衡店自動離職，已予停職處分，現又提出要求復職，其理由爲曾得衡店經理允許及店務會議之通過。但按諸本店規章，分店經理無權決定同人之進退，故所述理由不能成立，仍予維持原案。但姑念陳同事不明本章程及衡店經理亦應負責任之一事，現決准陳同事留書店工作，作爲重新開始試用。

七、黃寶珣同事之薪給問題，前已決定辦法。今黃同事又提出規章上不能因經濟困難開除職員及畢雲程先生允於以後恢復原薪等理由，要求復薪議。但查本店雖有不能因經濟困難而開除職員之傳統精神，但亦為近幾年來發展成之原則，且亦並無明文規定。至畢先生之說係根據主席之報告。畢先生並未對黃同事說過將來可以恢復原薪等語，因此黃同事所提之理由似難成立，決仍維持原案。

八、沙店壁報最近有劉桂璋之文章，遂成糾紛。因劉文涉及黃寶珣同事，故黃同事提出要求澈查處分。決交由沙店負責人詳查詳細經過情形後，再行核辦。

九、孟滸臣同事此次調任滇店經理，在旅途中有皮箱一只（放在行李车上，并非自己保管）被窃贼划破箱子窃去衣物数件，因係人力不可挽回之事，故决定酌予补偿。

十六、渝店冯霜梅先生要求津贴，原已决否，惟据李济安同事报告，冯同事经济确甚困难，亦欠债亦颇优良，同时南岸宿舍房屋构造亦确太差，为维护酌予贴补，亦情绪不致低落，故准予津贴三个月（每月不得超过三十元）。嗣后凡遇经济困难及亦欠债优良之同人失窃，且係房屋构造确甚不坚者，得酌予津贴。

十七、各地物价高涨，同人膳食虽由店中供给，但家属之膳食费及在物价特高之地，支出亦必特多，似有酌予津贴藉以减轻同人负担之必要，故决定自本月份起按照各店之膳费凡超出十五元者，同人眷属（以妻子女三人为限）照贴膳费半可只收廿五元，自理者可将超出之数津贴之（如需卅元，津贴五元，计费以膳费支出平均每人之膳费为标准）。

十二、各地最低生活必需品费之品质、价格、需用量及生活津贴数，应再加仔细研究，务使公平合理。推定胡耐秋、李济安、卿笑文三同事负责研究，下次会议提出决定。

主席 韬奋

生活出版合作社

第五届监察委员会会议记录

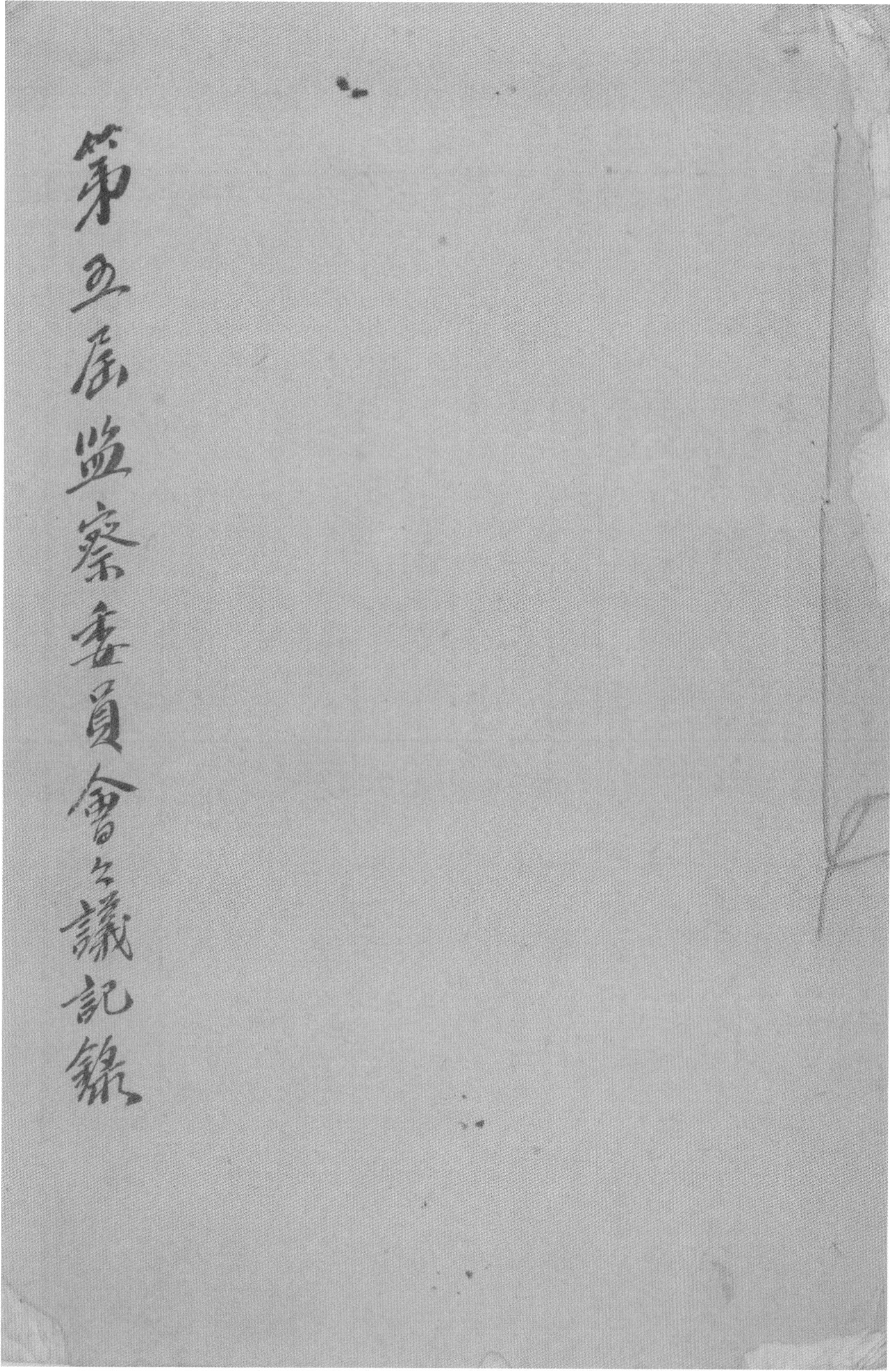

第五屆監察委員會々議記錄

第五屆監察委員會第一次會議

開會日期　廿八年九月七日

開會地點　總管理處二樓

出席者　張子敗　陳其襄（華風夏代）

杜國鈞（黄寶珣代）

公推主席　張子敗

公推記錄　黄寶珣

報告事項：

主席報告：

（一）互推主席及秘书各一人。

公推張子敃為主席，黃寶珣為秘書。

(二)本會由全體社員選出三人組織，監委杜國鈞請假缺席，來函推請黃寶珣代表出席會議，監委陳其襄因在外埠不能出席會議，來函推請華風夏代表出席會議。

(三)本會早應成立，因人數不齊，及各人均忙於工作，故對成立會延遲，準備亦未能充分。

討論事項：

(一)擬訂本會三月內工作方案案

議決　推定由黃寶珣擬草交下屆會議討論通過施

行。

（二）擬訂本社財產管理辦法案

議決　推定由張子敗擬草後交下屆會議討論。

（三）擬訂審計暫行條理案

議決　推定由張子敗擬草交下屆會議討論通過施行。

（四）擬訂新會計制度案

議決　推定張子敗起草至遲必須在下屆會議前提交常務理事會討論施行。

（五）閱經理、人會工作進行狀況審查案

議決　推定張子敗審查理、人事會會議記錄於

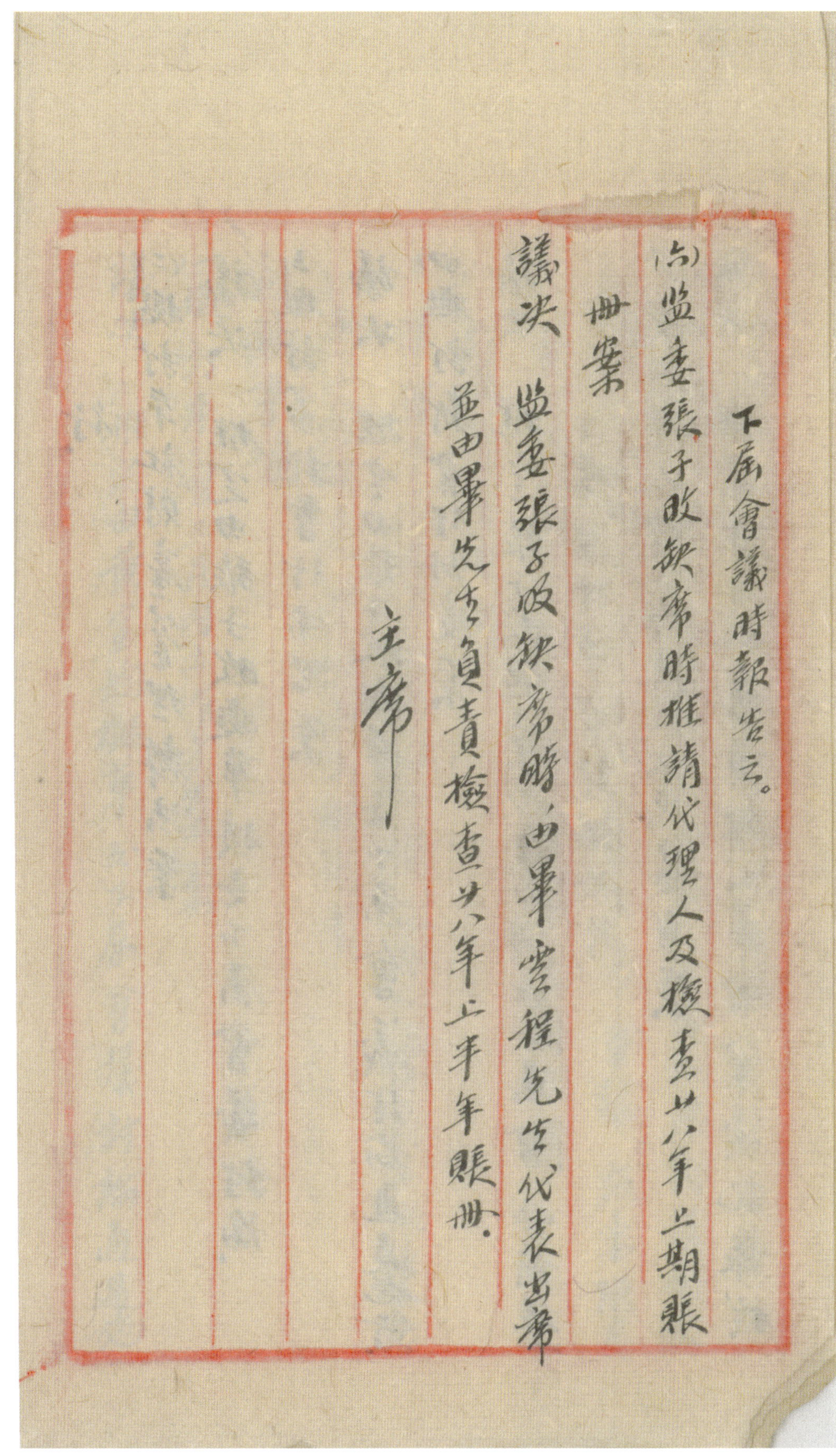

下屆會議時報告之。

(六)監委張子政缺席時推請代理人及檢查卅八年上期賬冊案

議決　監委張子政缺席時，由畢雲程先生代表出席並由畢先生負責檢查卅八年上半年賬冊。

主席

第二次常會

開會日期　廿九年一月五日

開會地點　總管理處二樓

出席者　張子敏（畢雲程代）陳其襄（華風亭代）杜國鈞（黃寶珣代）

主席　畢雲程

記錄　黃寶珣

報告事項：

一、本會第二次常會應在廿八年十二月份舉行，當時以上屆決議須草擬之各項章則，未能完成，故延期举行。

二、依照本社々章，每年举行選举一次，下届選举期将届，由理事会議决，理、人、监三委员会会公推提名委员五人，理事会推二人，人事会推二人，监察会推一人。组织提名委员会，提選候選人，理事十七人，人事十四人，监察五人。

議决事項：

一、专函催询張子敗委员所擬「財產管理办法」「審計暫行條理」及「新会计制度」三種草案，早日寄到，以便在下届常會討論之。

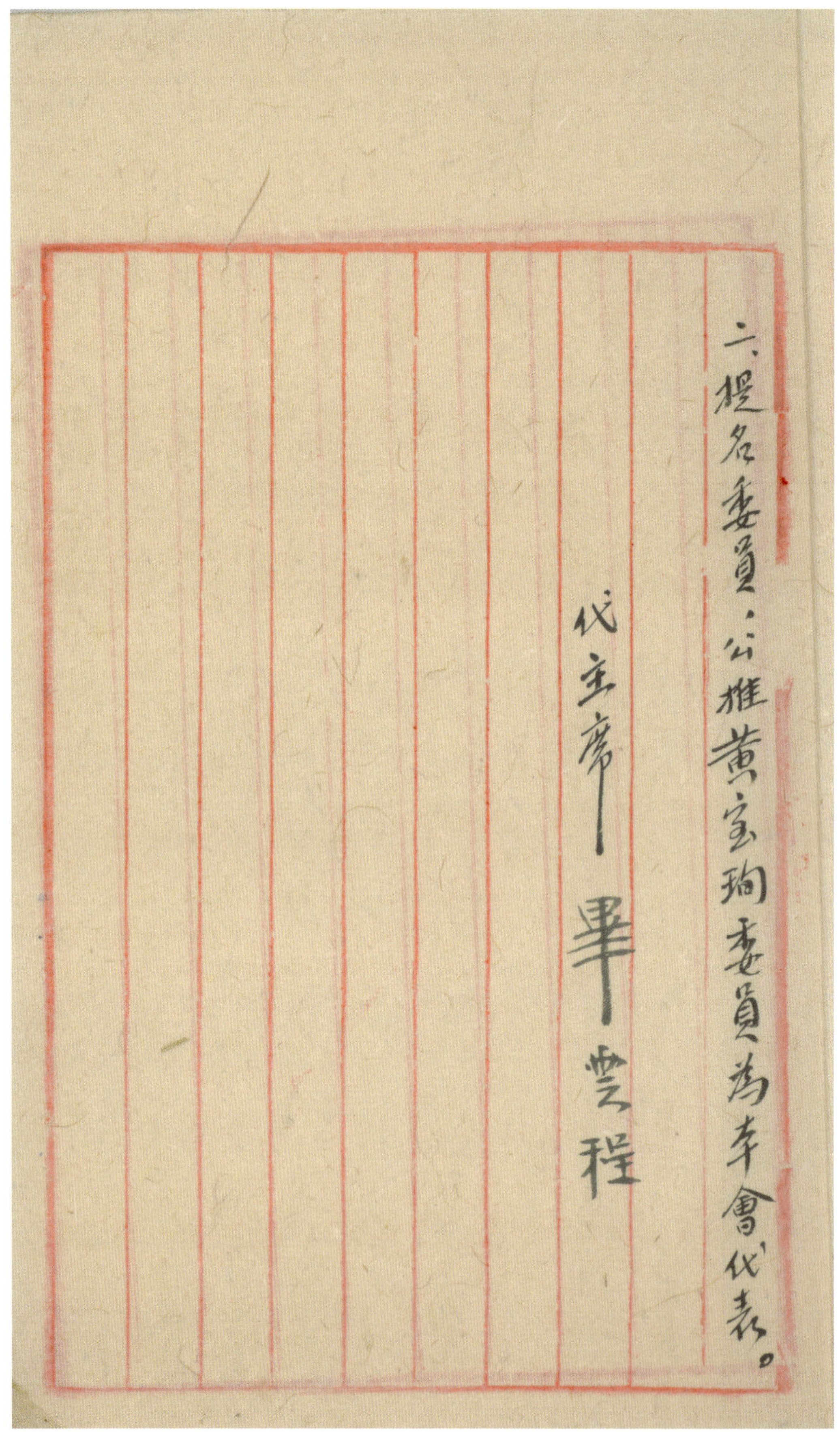
二、提名委員，公推黄宝珣委員為本會代表。

代主席 畢雲程

生活出版合作社

第五届理事会人事委员会监察委员会联席会议记录

第五届理事會人事委员會
監察委员會聯席會議記錄

第五屆理事會人事委員會監察委員會第一次聯席會議記錄

日期 二十九年一月十二日下午三時

地點 學田灣總處

出席人 沈鈞儒 張仲實（水夫代） 艾寒松（水夫代）

袁信之（濟安代） [illegible] 李濟安

孫明心 王太來 [illegible]（莫志恆代）

張又新（李濟安代） 甘蘧園（志成代）

杜重遠（[illegible]代） 杜國鈞（[illegible]代）

范[illegible]（[illegible]代） 張錫榮代筆

金仲华（孙明心代） 孙明心 陈其襄

韬奋

主席 邹韬奋 记录 孙明心

讨论及决议事项

一、关于十五万元资金分配案

决议：本社资金的积累，是为了发展和巩固本社的事业而来，所以分配资金亦必须以发展和巩固本社的事业为前提。十五万元资金是在廿五年份确定，所以照法理手续应由当时所有社员来决定，现在要召集当时的社员大会当然不可能，而此事一直悬搁下去也不是好辦法，所以祇得經此次聯席會議通過理事會所擬具的十五萬元資金分配方案並根據廿二年份分派紅利原則，決定辦法如下：

一、十五萬元資金分配辦法，依照理事會擬訂之分配方案處理之；

二、十五萬元資金中所有四萬五千元紅利部份，應從廿三年七月至廿五年十二月的兩年半時期中分年結存，並依照廿二年分派紅利辦法，以百分之五十按照在此時期內任職人數平均分派，以百分之五十按照在此時期內任職的工薪水比例分派，均以月為計算單位。

二、關於二十六、二十七年份紅利分配案

決議

二十六年及二十七年的應派紅利，決定以現金派給，分派辦法仍以百分之五十照在此時期內任職人數平均計算，尚有百分之五十照薪水比例，均以月爲計算單位。至於應給中華職教社百分之二十紅利部份，在未修改社章以前提存公積金項下。

三、決定候選人名單案

決議

依照理事會擬定候選人應具條件，通過名單如下：

理事候選人：卞祖紀 王太來 王志莘 張仲寔 諸志民、鄒韜奮 徐伯昕 沈志遠 沈鈞儒 李濟安

艾逖生　甘遽園　杜重遠　胡愈之　柳湜　陳雪嶺
金仲華（共提十七人）
人事委員候選人：諸祖榮　施勵吾　張文新　張錫榮
孫明心　鄒公文　袁信之　莫志恒　華風夏　薛迪暢
黄寶珣　胡耐秋　畢子桂　周名寰（共提十四人）
監察委員候選人：廖庶謙　張子畋　畢雲程
嚴長慶　陳其襄（共提五人）

主席　鄒韜奮

生活书店的崛起与被难

周武

「八一三」事变后，生活书店总店被迫西迁汉口，发展重心由上海转移到内地。1938年8月1日再迁重庆冉家巷16号。1939年5月3、4日侵华日军对重庆大肆轰炸，冉家巷遭严重破坏，生活书店总管理处及分店大部分存书物资在同人的努力下连夜转移到相对安全的学田湾新址。此后，学田湾总管理处就成为生活书店全国网络的中枢，指挥全体同人在艰苦困难的战时状态下不懈奋斗。

本册《生活书店会议记录》辑入「第五届渝地社员大会记录」「第五届理事会会议记录」「第五届常务理事会记录」「第五届人事委员会会议记录」「第五届监察委员会会议记录」及「第五届理事会人事委员会监察委员会联席会议记录」，时间始于1939年2月24日，终于1940年5月8日，前后虽仅一年又两个半月，但在生活书店历史上却是具有里程碑性质的一段岁月。在这段岁月里，生活书店举行了社员大会，通过了新社章，选举产生了新一届领导机构，结束了由「临时委员会」主持社务的历史。也是在这段岁月里，生活书店制订了雄心勃勃的工作计划，各项业务蒸蒸日上，成为继商务印书馆、中华书局、世界书局、大东书局和开明书局之后的第六大书局，而且发展势头强劲，令同业瞩目。商务印书馆总经理王云五就曾对邹韬奋说：「全中国出版家有成绩者仅尔我两家。」并大赞：「我馆里干部老了，你店却全是青年干部，真是了不起。」（《生活出版合作社渝地社员大会记录》，1939年2月24日）

令人扼腕的是，生活书店这种发展势头并没有维持多久，即接连遭受侵华日军轰炸和国民党当局的双重摧残，大批分支店或毁于兵燹，或被查封。到1940年6月，生活书店在全国各地建立的56个分支店，除5处因战局关系而自动收歇外，其他45处都先后被封闭或勒令停业，仅剩下重庆、成都、昆明、贵阳、桂林、曲江6个分店。在这种情况下，生活书店维持尚且困难重重，更遑论发展。但生活书店并没有倒下，依然在极其艰困的条件下进行顽强抗争和不屈「苦斗」，并竭尽所能「供应抗战需要」的精神食粮，以「生活精神」书写了一部可歌可泣的出版传奇。

一、第五届渝地社员大会的召开

按照社章规定，生活书店每年举行社员大会一次，由全体社员选举产生新一届领导机构。第一届社员大会于1933年7月在上海召开，选举产生第一届理事会、人事委员会和监察委员会。此后每年都如期举行，迨至1936年7月底，局势丕变，为了应付突发事件，生活书店于8月31日召开第二次临时社员大会，会上通过组成临时委员会，并于同年9月3日正式成立，暂时代替理事会、人事委员会和监察委员会职权，主持生活书店社务及业务，并修改社章。后因全面抗战爆发，生活书店总店由上海而汉口而重庆一路播迁，本应于1937年7月举行的第五届社员大会，直到1939年2月24日才得以在重庆举行。这是生活书店发展重心转移到内地后召开的首次社员大会，自然倍受重视。据「第五届渝地社员大会记录」披露，早于1938年4月生活书店总店还在汉口时临委会就已开始筹备，发动修改社章的讨论。总店迁重庆后，邹韬奋、徐伯昕深感健全机构的极端重要性，电邀胡愈之到渝，共商生活书店的发展大计，并就社务展开充分讨论，为社员大会做最后的准备。这次社员大会全面总结临委会工作之后，逐条表决通过胡愈之主持起草的《生活出版合作社章程》。依据这个章程，大会选举产生第五届生活书店理事会、人事委员会和监察委员会，徐伯昕、邹韬奋、杜重远、胡愈之、王志莘、甘蘧园、张仲实、沈钧儒、邵公文、李济安、王泰来等11人当选理事，张锡荣、袁信之、艾寒松、张又新、薛迪畅、顾一凡、华风夏、范广桢、孙明心等9人当选人事委员，张子旼、陈其襄、杜国钧等3人当选监察委员。大会还通过黄任之、江问渔、杨卫玉、沈钧儒为名誉社员。次日，当选理事邵公文以「事务较繁，加以身体又弱」为由辞去理事之职，改推金仲华递补。（详见第五届渝地社员大会记录，1939年2月24日）新社章的通过，以及新领导集体的产生，意味着主持社务长达两年又七个月之久的临时委员会的结束，生活书店开始「以新的姿态为本店业务前途努力」。

根据第五届渝地社员大会选举结果，第五届理事会于1939年4月28日举行成立会议，通过徐伯昕关于临时委员会的工作报告，选举邹韬奋、徐伯昕、金仲华、张仲实、李济安5人为常务理事，选举徐伯昕为主席，邹韬奋为总经理，徐伯昕为经理，金仲华为秘书；第五届人事委员会「因外埠委员推选代表迟到」，延至5月8日方始成立，推选邹韬奋为主席，张锡荣为秘书；第五届监察委员会「因人数不齐，及各人均忙于工作」，更迟至9月7日才成立，公推张子旼为主席，黄宝珣为秘书。理事会、人事委员会和监察委员会各司其职，共同构成生活出版合作社新一届领导机构：其中理事会为书店最高领导机构，负责书店年度工作计划及其落实；人事委员会为书店处理人事方面的最高机构，负责人事方面的待遇及奖惩等事宜；监察委员会主要负责稽核、审计书店账目等重大事项。

生活书店在组织系统上原本只有总店和分店，抗战以前，生活书店除上海总店外，仅成立汉口、广州两个分店及香港的安生书店，后因安生书店营业不振而收缩，归并粤店办理。抗战开始后，陆续增设西安、重庆、成都、桂林、长沙、梧州、昆明、贵阳、兰州、香港等分店，同时增设万县、衡阳、宜昌、南郑、立煌、吉安、南城、金华、丽水、天水、沅陵、常德、柳州、南宁、桂平、乐山、南平、於潜等支店及办事处，总计达28处。当生活书店总店自上海移至内地后，曾与南京中央书店、杭州之江书店、开封北新书局、芜湖科学图书社等四处成立办事处，嗣以战局变化，先后收缩，其他如广州、汉口、长沙、南昌、遂川、恩施、巴东、海门、余姚、百色、六安、酆都、开江等12处，或因战局推移，或因试办流动，亦已先后迁移，总计生活书店直接到达之处，在40处以上。这也就是说，生活书店已建立起覆盖全国各地的发行网。

随着分支店的增设越来越多，综合的事务势必逐渐加繁，客观上需要设立一个中枢机构来加强对各地分支店的管理。1938年7月1日临时委员会即着手组织总管理处，并于8月1日总店迁渝后正式成立。总管理处自总经理、经理以下，设秘书处及总务、生产、营业、服务四部，并在桂林及香港分设西南区管理处和东南区管理处，主持各该区的造货、发货及存货等事务。为了强化总处的效能，临委会为总处各部门配备了精兵强将：秘书处主任由陕西分店经理张锡荣担任，黄宝珣任秘书；总务部主任由筑（贵阳）店经理邵公文担任，张志民任副主任；生产部主任由严长衍担任（未到任前由徐伯昕兼任）；营业部主任由孙明心担任；服务部主任由阎宝航担任，张知辛任副主任；东南区管理处主任由甘蘧园担任，陈锡麟任副主任；西南区管理处主任由诸祖荣（诸度凝）担任。此外，总管理处另组编审委员会，专任设计编辑计划，由胡愈之任主席，沈志远、金仲华任副主席，艾寒松任秘书，委员包括邹韬奋、柳湜、史枚、刘思慕、沈兹九、张仲实、戈宝权、茅盾、戴白桃，后来又增聘胡绳、曹靖华、廖庶谦等。为了配合西南及东南两区管理处的建立，编审委员会还分别在两区成立分会，处理编审事务，并于总管理处生产部设编校科，办理校对等事务。总管理处和编审委员会的设置，后来列入第五届理事会第一次会议通过的《本店组织大纲草案》第四条和第五条，得以正式确认。（参见生活出版合作社第五届理事会会议记录，1939年4月28日）

虽然第五届渝地社员大会选举产生书店新一届领导机构，但并不意味着生活书店放弃「社务民主化」的信条，大会主席团报告明确指出：「我们选举出来的代表虽然今后管理我们的全部工作，但是参加管理者实际上并不仅仅限于被选者数人，所有全体社员，均应提高对于事业的积极性，担负起管理全部的责任。因为选额有限，不能包含全部，但不在选举之内者并不是没有责任。以后，除理事会、人事委员会及监察委员会之外，尚有群众性的组织，即职务系统、同人自治系统和社的系统，使各个工作人员均担负起对于事业的责任，就是不在理、人、监范围之内的同人，都可贡献力量参加组织工作。」（第五届渝地社员大会记录，1939年2月24日）这一人人参与民主管理的精神，以及在生活书店内部建立三个系统的群众性「细胞组织」，即社员小组会、同人自治会和业务系统组织，后来都作为硬性要求写入《本店组织大纲草案》，该草案第十五条规定：「本店为扩展业务、集思广益起见，总管理处得组织业务会议，各科得组织科务会议，各支店得组织店务会议。」第十六条规定：「本店为加强组织起见，总管理处及各分支店得组织社员小组会及同人自治会。」也就是说，上述三个系统的组织已纳入生活书店的整体组织架构，并成为其中的重要组成部分。通过这三个系统的「细胞组织」，生活书店让每个成员都有机会参与书店管理，发挥各自的作用，从而激发书店努力向前的积极性和蓬勃向上的活力。

第五届渝地社员大会的召开，是生活书店店史上的一件大事。这次大会完成的各项议程，进一步健全了生活书店的组织架构和民主集中制的管理体制，为生活书店日后的发展提供了组织保障，大会确立的业务方针和工作原则，更成为生活书店后来一切工作的灵魂。

二、生活书店的「力谋发展」与「横被摧残」

生活书店新一届领导机构选举产生后，即本着「促进大众文化、供应抗战需要、发展服务精神」的业务方针和「合作经营、计划生产、科学管理」的工作原则，制订了「力谋发展」的《生活书店1939年度工作计划大纲草案》。该计划确立的本年度工作「总的方针」是：「一面积极整顿，一面力谋发展。出版方面，除中高级基本读物仍应继续编行外，对于通俗读物，尤须注意大量编印，以争取广大落后群众及士兵等，建立读者基层；营业方面，必须偏重于战地及沦陷区之文化供应，同时与出版及贩卖同业，均取得良好关系，以增强商业性地位，避免摩擦尖锐化。」具体目标如下：

（一）生产方面

1　本年内新书计出739万字；

2　定期刊物除已出的七大杂志外，视能力再陆续出版通俗刊物、抗战画报、儿童刊物和少年刊物若干种；

3　审查已出版的全部书籍，分成畅销书、次销书、滞销书、绝版书四类，除绝版书暂停印行外，其他各类按一定数量予以重版发行；

4　已出版的丛书依其性质进行合并，重行编目，在重版时改正出版；

5　完成小规模的资料室；

6　试办小规模的造纸厂；

7　筹设一小规模印刷厂，专印重版书刊；

8　编订各种单行本版次及历年印数统计表；

9 编制各种书刊成本计算表；

10 拟订各区造货分配明细表。

（二）营业方面

1 本年度营业额希望增加至100万元，内本版书占60万元，杂志占15万元，外版书刊占25万元；

2 开展战地及沦陷区文化供应工作，除原有东南区——香港、上海、昆明、金华、丽水、於潜、吉安、南城、南平、福州等；西南区——桂林、柳州、梧州、南宁、桂平、沅陵、衡阳、常德、曲江等；华西区——重庆、成都、乐山、万县、宜昌、立煌、贵阳等；西北区——西安、南郑、兰州等29处外，拟增设下列13个据点：东南区——汕头、新加坡、海防、屯溪、赣州、梅县；西南区——邵阳；华西区——襄樊、康定、叙府；西北区——长治、洛阳、迪化；

3 举办各省区流动供应工作；

4 增强同业间联系，并广设杂志分销处；

5 增加本版各杂志每期销数；

6 扩充邮购户，发行书券，恢复银行免费汇款购书办法；

7 外版杂志之内容正确、丰富者，尽量争取由本店代为总经售；

8 自备卡车一二辆，经常往来于滇、桂、渝、陕段运输书籍；

9 教科书应设法普遍推行至各学校采用；

10 按月编制全国抗战书报联合广告；

11 统一各店门市布置与图书分类；

12 每三月编印新书目录一次。

（三）服务方面

1 开展战地文化服务工作；

2 成立读者顾问部，发行「生活推荐书」；

3 设立文化工作问讯处；

4 各店设置读者阅览座位；

5 实行海外服务部；

6 实行伤兵文化服务工作；

7 实行出版服务工作。（生活出版合作社第五届理事会会议记录，1939年4月28日）

这个「力谋发展」的计划宏大，足见书店同人的壮志与雄心。然而，就在这个计划经第五届理事会会议议决通过开始付诸实施的前后，摆在生活书店面前的却是一种比先前更严峻的时局：不得不直面来自侵华日军和国民党当局的双重摧残，其中尤以后者为甚。

来自国民党当局的摧残主要有两个方面：一是分支店被封或勒令停业，二是书刊被非法扣留及查禁。就前者而言，生活书店自上海内迁汉口后，开始在全国特别是大后方重要城镇开设分支店，大力构建自己的全国发行网，到1939年，分支店及办事处一度增至52处，临时营业处3个，另设9个流动供应所。本来，生活书店还计划在1939年内再增设13个发行据点，进一步拓展已有的发行网络。然则生活书店出版倾向鲜明，它所出版、发行的读物多与时势密切相关，不是抗战读物，就是「共产读物」，早已引起国民党当局的忌恨。他们甚至怀疑，生活书店以极小资本而能经营偌大规模的事业，极可能是受共产党津贴。因此，从1939年3月起，国民党当局即开始查封生活书店分支店。

据「第五届第二次理事会常会记录」所载「1939年度各店被当局误会查封情形」，截至8月3日，生活书店被查封及被迫停业的分支店即有西安（4月21日）、南郑（5月4日）、天水（5月31日）、沅陵（6月13日）、宜昌（6月17日）、吉安（6月24日）、赣州（6月24日）、金华（7月1日）、屯溪（7月初）、曲江（7月8日，7月18日复业）、兰州（6月26日，7月1日复业）、万县（7月9日，栈房被查）等12处；另有南郑、乐山、宜昌、万县、沅陵、吉安、丽水、屯溪、青岩等9处亦因倍受当局滋扰不得已而「预备结束」。（第五届第二次理事会常会记录，1939年8月3日）另据徐伯昕主持起草的《生活书店横被摧残经过》一文披露，到1940年3月，生活书店被封或被勒令停业的分支店有天目山、西安、南郑（汉中）、天水、沅陵、金华、吉安、赣州、宜昌、丽水、屯溪、曲江、南平（福建延平）、衡阳、宜川、立煌等达16处，被拘工作人员达28人。「前述16个分支店均系直接受到摧残与打击而被毁灭者，其他各地分支店，除5处系因战局关系而撤退者外，余均遭到各该地当局之压迫过甚而无法继续营业（例如无故没收非禁书刊或扣留不问内容如何之印刷品邮包等等），因之在抗战后先后广布于各地之55个分支店，延至29年6月，仅剩6个分店。以6与55之比，其惨遭摧残之情形，深堪痛心！」（按，29年指民国29年，即1940年。）

而就后者而言，查禁书刊，钳制言论自由，是国民党当局惯用的手段，只不过抗战爆发之初基于国共合作的大背景，书刊被查禁虽时有发生，但情况还不算严重，到1938年国民党当局颁布《图书杂志原稿审查办法》后，就开始呈现出愈演愈烈之势。从某种意义上说，生活书店是在全面抗战和第二次国共合作的大背景下异军突起的，它出版、发行的读物又大多深具时政色彩，与当局不同调，被大规模查禁，实不足为奇。生活书店分支店被封店、捕人，基本上皆因禁书而起。《生活书店史稿》一书根据从国民党中央图书杂志审查委员会档案中获得的材料统计，1937—1940年生活书店出版的书籍，被国民党中央或地方的图书杂志审查委员会明查暗禁且有目录可稽者达203种，占这个时期生活书店出版物总数的40%。在这些禁书中，马列主义著作13种，哲学社会科学类著作53种，抗战救亡读物55种，国际问题20种，文艺作品31种，通俗文艺读物13种，韬奋著作12种。生活书店被查禁的书刊大概是同业中最多的，这或许也可以从反面印证生活书店的「店格」和出版倾向。

生活书店如此「横被摧残」，它「力谋发展」的大计划虽仍在倔强地推进，但显然已不可能完全实现了。譬如，它关于增设分店以冀广植前后方及敌后、海外的文化供应工作，因遭遇环境的重重压迫，以及一部分因战局转移，或其他种种困难所限制，能实现计划者仅有新加坡、梅县、广州湾、玉林、宜川等5处，其他原本计划设立的，如海防、汕头、邵阳、襄樊、康定、叙府、长治、洛阳、迪化等9处也都落空了。（第五届理事会第四次常会记录，1939年12月8日）当然，落空的远不止增设13处据点，举凡生产、营业、服务等方面的计划，生活书店全体同人「虽已竭尽其能，全力以

赴，但是以实施的结果与原定计划比照，还是相差得很远」。（第五届理事会第四次常会记录，1939年12月8日）

受「横被摧残」的影响，同人加薪问题亦被累及。按照常例，生活书店每年7月加薪一次。但1939年因为众多分支店被当局查封，营业收入每月至少减少16 000元，约占每月营业总额四分之一。加上其他财物被没收的损失，人员调遣的旅费损失，建立新店的损失等，书店已没有能力依照向例给职工递加薪水。但因战时物价高涨，为相当顾全一部分同人事实上困难起见，对于薪水在30元以下者，及正当试用期满而成优良之职工，仍予以酌量考虑加薪。加薪额自1元至3元，总额以500元为原则。（人事委员会第三次常会记录，1939年7月17日）这样的加薪方案无异于杯水车薪，当然无法解决低薪同人实际的生活困难。而生活书店是新兴的出版机构，年轻人多，薪水偏低，较之同业尤形突出！

针对这种情形，生活书店于1939年8月29日专门召集人事委员会常务理事会联席会议进行研究，并提出切实可行的解决办法，务使在书店经济能力所许可的范围内，尽量顾到每个同人个人的最低限度生活及其家属的负担，具体办法如下：

第一，根据研究个人最低生活享（费）用及调查目前重庆物价之结果，个人除膳宿制服费外，每月最低限度生活费需十二元。据此，重庆同人薪水在十二元以下者，一律贴足十二元。其他各地同人，应按照个人最低生活享用标准及当地物价情形，拟定最低限度生活费数额，经人事委员会核准，予以贴足。

第二，凡月薪在三十元以下，已结婚而对方无职业者，每月津贴十元。月薪在三十元以上、四十元以下，已结婚而对方无职业者，贴足四十元。（如三十一元贴九元，三十二元贴八元……三十九元贴一元）。

上列两项津贴办法，名曰「战时临时津贴」，适用时期自廿八年九月起至廿八年十二月止。（生活出版合作社人事委员会常务理事会联席会议记录，1939年8月29日）

但加薪问题并没有因此解决，此后人事委员会几乎每次开会都会涉及这个问题。这说明生活书店有意解决这个问题，但由于「横被摧残」，损失惨重，又使它实际上无力解决这个问题，这种有意与无力之间的困窘与纠结，对1939年的生活书店而言，还只是开始，更艰难的日子还在后头！

三、「生活」的崛起：孤岛上的出版奇迹

「八一三」事变后，生活书店总店内迁汉口，武汉沦陷后再迁重庆。上海遂由总店变为分店，即生活书店上海分店，仅留王泰雷、黄晓萍等少数几个同事坚守孤岛。王泰雷任经理，黄晓萍任门市部负责人。就是靠他们这几个人，生活书店不仅在上海继续存在，而且因为内地业务的大幅拓展而变得愈发重要，成为生活书店最主要的造货中心。

内地业务的大幅拓展，意味着对战时读物的需求激增，而「内地的造货成本飞速地加重，印刷、纸张等条件愈益困难」，这就使得生活书店不得不更加仰赖上海、香港造货。因此，对上海分店而言，孤岛时期尽管困难重重，但图书生产能力却不减反增，异军突起。生活书店经理徐伯昕在1939年8月12日出版的《店务通讯》第六十号发文称：「我店在上海的工作，从『八一三』抗战后把重心移向内地，但并没有把这十余年来建立起的文化根据地轻易放弃，更没有忘掉历年来爱护我们事业的留在『孤岛』上的许多读者，同时我们也估计到我店在敌人的威胁下，决免不了要受到日本强盗的残暴摧毁，所以早就作了有效的准备。但在这整整二周年的抗战期间，在『孤岛』已不知受到了多少次的严重压迫，我们不但不停顿，更在增强力量。最近一次在该处所受的打击，险些动摇到整个造货基础，但很欣幸，帝国主义者的帮凶，究竟还有些是我们的同胞，眼看着艰苦制造出来的加强抗战力量的精神粮食给敌人销毁，不能不有动乎中而油然起同情之心，因此也就渡过了难关，继续着我们的工作。当然，物质的损失，为数已属不小。而我们在『孤岛』上的战士的艰苦奋斗，也是值得敬佩的。」

正因为如此，生活书店上海分店从1938年初开始不得不分三部分转入地下：一是在福州路378号开设远东图书杂志公司；二是在爱多亚路（今延安东路）河南路口中汇大楼以「时雍申庄」名义进行出版工作；三是在萨坡赛路（今淡水路）18号秘密办公。尽管如此，相比于内地，孤岛时期的上海还是有许多优势。譬如，此时因日本尚未对英美宣战，租界内的环境相对宽松，故有社评认为孤岛「虽已失掉政治经济文化中心的地位，但却依旧不曾减少其举足轻重的影响；

且在前后方各地之中，上海所蒙受损害和扰乱比较最少，对于文化工作实具有相当的便利条件」。对出版业而言，此便利条件主要是指因先前出版机构的迁出，「印刷业陷于休业状态，排印和装订的工价都跌到最低的记录」，「纸张虽没有新货进口，也是价格停滞着」。徐伯昕曾对上海与香港、桂林及重庆四地的造货成本做过比较，上海优势明显。他说：港、沪、桂、渝四处的造货成本，因印刷和纸张价格的不同，或法币和外汇的变动，以致高低相差很远。单就印刷、纸张的成本而论，假定一本书在上海的造货成本为100元，香港需要168元，桂林330元，重庆448元。显然，上海的造货成本最低，香港较上海高出70%弱，桂林竟超出3倍，重庆则高出4.5倍。上海不仅造货成本低，运出的成本也是四地最低的。假定上海造货成本仍为100元，加上沪港间邮运费，和香港造货成本，加上港桂或港渝间的邮运费，则其比例为：上海造货运香港发售为108元，香港造货运桂林为254元，运重庆为282元。这样看来，上海造货运到香港发售，较之香港造货的成本每百元可以减轻60元；香港造货运桂发售每百元可以减轻76元；香港造货运渝发售每百元可以减轻166元！很明显，最合算的当然是在上海造货运到内地来发售了。最近商务印书馆港厂因法币狂跌，成本加重，已将300余人调往上海工作，这可证明在目前港币和法币的比率下，香港造货更不如上海造货来得合算了。徐伯昕因此给出了结论：「（一）加强上海的造货，但所发稿件以不妨碍当地环境为原则；（二）适量扩展香港造货能力，使不适宜于上海或为内地印刷条件所限制的出版品得在香港供应；（三）加强运输站，使桂林不必要的造货，也能移港印造供给，以减轻成本；（四）畅销货和常销货的整个补充，仍由总处根据实际需要和经济能力，作有计划的分配，归上海印造供给。」

这应当说是生活书店所作的最经济的安排。这种安排，在1939年8月3日召开的第五届第二次理事会常会上，被写入「本店今后工作方针」，其中说：「在生产方面，拟在内地创办一印刷所，并加强沪港两地之生产量。」后来在《关于实施二十八年度工作计划之报告及检讨》中又指出：「关于造货中心，本年度因印刷条件困难，有许多应该再版的书籍无法印造，这是一个严重的缺陷。其中经济的支绌和运输的困难当然也是重大原因。下年度决定在重庆、桂林自建印刷所，增加生产力量，东南区方面仍以上海为主要中心，尽量供给。」

生活书店正是利用这些条件「在沪印制书籍后发往内地销售」。据当事人王泰雷和许觉民叙述，仅1939年生活书店在上海出版新书和重版书就有123种，其中初版至少57种，这些书籍绝大多数为抗战读物和「共产读物」，如《辩证认识论》（[苏] 罗逊达尔著，张仲实译）、《资本主义》（[苏] A·李昂吉叶夫著，沈志远译）、《什么是统一战线》（施有为著）、《什么是阶级》（蒋仁著）、《什么是社会主义》（万瑞莲著）、《什么是资本主义》（朱德华著）、《什么是帝国主义》（陆明著）、《新妇女论》（[苏] 柯仑泰著，沈兹九、罗琼译）、《抗战中的中国丛刊：鲁闽风云》（徐盈等著）、《研习资本论入门》（沈志远编）、《雇佣劳动与资本》（马克思著，沈志远译）、《政治经济学论丛》（马克思著，吴黎平译）、《〈资本论〉通信集》（马克思、恩格斯著，郭大力译）、《德国的革命与反革命》（恩格斯著，王右铭、柯柏年译）、《恩格斯论〈资本论〉》（章汉夫、许涤新译）、《帝国主义论（增订本）》（列宁著，孙治方译）、《实践与理论》（艾思奇著）、《中国社会史问题论战》（何干之著）、《辩证法唯物论回答》（张怀奇著）、《苏联的民主》（[苏] 斯隆著，韬奋译）、《马恩科学的文学论》（欧阳凡海编）、《曙光集》（韬奋著）、《科学历史观教程》（吴黎平、艾思奇著）、《中国工人运动史》（张瑞仁著），等等。

此类书籍在第二次国共合作之前显然属于严厉查禁之列，抗战爆发后，伴随第二次国共合作，还有租界相对宽松的舆论环境，这种情形逐渐有所改观，「过去被视为神秘主义的共产党，八路军的种种小册子，也翻印出版有几十种」，但彼时此类书尚少有新著，大都翻印西安事变前的言论和著述，此时则多为新著。而到1938年、1939年，生活书店上海分店借助这种特殊背景，出版了大批「抗日」读物和「共产」读物。1939年上海的书籍出版机构总体上比1938年增加36家，共105家。而据黄警顽粗略估计，1939年全年在沪编辑印刷发行的书在500种左右，生活书店上海分店即占123种，约占图书市场的四分之一，一举跻身书局六强，成为一支不容忽视的力量。

值得玩味的是，生活书店上海分店虽然不是中国共产党创办的党营出版机构，但它的快速崛起及其旗帜鲜明的出版倾向，显然与中共有关。生活书店上海分店实际是1948年的三联书店的一部分，其主要组织成员如生活书店的邹韬奋、胡愈之、徐伯昕，读书出版社的李公朴、黄洛峰，新知书店的钱俊瑞、徐雪寒等，均与中共有密切关系，或者本人即是党员。全国解放前夕，中共高层在擘画新中国出版事业蓝图时，一度拟将三联书店（而非新华书店）改为国营最大书店，更可见生活书店上海分店与中共的密切关系。正因背后有中共的支撑，在出版的后续工作中，生活书店上海分店较在沪的其他出版机构技高一筹。

对孤岛出版业而言，最困难的不是编译，也不是印刷，而是发行。如何将印好的书籍运往内地发售，满足内地市场的需求，是一个棘手的问题。战前上海出版业的绝对优势地位是靠它构建的无远弗届的庞大发行网络支撑起来的，这个发行网络不仅覆盖全国，而且远及东南亚，甚至旧金山、纽约也有销售网点。但抗战爆发后，东北沦陷，华北沦陷，东南沦陷，华中沦陷，最后东南亚沦陷，战前上海构建的跨国跨区域的庞大发行网络被一个个沦陷区给切割和肢解了，跨国跨区域的统一市场不复存在。战争中，上海与上海之外的地区交通完全中断，上海的出版物当然难以推广到各省各市；东南和华中沦陷后，上海的出版物要抵达大后方，要穿越日伪势力的层层封锁线，困难重重，更何况还要过日伪势力的严厉审查关。

在日本向英美宣战之前，孤岛上海与香港等地的海上交通和物资往来尚未被切断，上海出版所需油墨、纸张、印刷机械等物资可以从香港等地得到有限的补给，上海的出版物也可以输往香港，再借由香港转往大后方。为什么「八一三」事变后商务印书馆把出版重心转移到香港，为什么上海众多书局总部纷纷迁往内地，原因即在于上海的出版物很难越过沦陷区。而且如果要在沦陷区进行销售，所销售的读物一般都是经过日伪势力审查通过的出版品，所以当时要把上海出版的图书向外销售，是非常困难的，整个销售体系都被破坏了。

内地的网络和市场已被切割和肢解，华界沦陷后，上海本地的网络与市场也遭受致命的破坏和摧毁。沦陷后的华界已处在日伪势力的文化统制之下。「八一三」战事不久，日军即占据了世界书局在虹口的总厂，筹组为华中印书局，兼管日占区的出版业，并负责教科书的承印。与之相应，南京的伪政府成立「教科书编审委员会」，对商务、中华和世界等书局的中小学课本进行删改，同时组织力量编辑出版「新」教材。上海的伪教育当局更代华中印书局调查「辖区内所有学校数量、名称、所在地及学生人数」等项。在此背景下，浦东塘东小学即因「仍读中华书局出版之国语常识课本」，该校校长张文豪即被日本宪兵逮捕。至于其他「非法」读物，更在严厉查禁之列，如1942年1月伪水巡队一次即查禁浦江崇明船上的《雇佣劳动与资本》《斯大林与文化》《在德国女牢中》《未来的欧洲大战》等26种「共产书籍」29捆，约2 000本。即使在相对安全与自由的孤岛之内，出版发行也没有「安全」和「自由」可言，不仅随时都有可能受到工部局的监视、警告、限制，而且还要面对日伪势力的渗透、干预、查封和伺机迫害。所以孤岛上的许多出版发行工作都不得不在秘密状态下进行。

战前上海相当部分书籍运往内地是靠邮路，但因「邮局章程，书籍及新闻纸均列为重件」，书籍寄送一筹莫展。1938年10月14日，上海书业同业公会即致函邮政当局，恳请开通内地的书籍邮寄。书业公会的努力，亦不见复文，但从间接材料上看，书籍邮路稍后有限制地开通了，如同年12月23日，书业公会致邮政当局函中，不再是请求开通书籍邮路，而是商请书籍邮路的具体问题：书籍邮寄时应如何加收「汽车运输损失费」等。邮政当局在次年1月6日的复文，显示了当时上海与外埠的书籍邮路状况：湖北、湖南、东川、西川、陕西、甘肃、新疆、江西、广西均为完全不通邮，其余通邮地区对于书籍则多有重量限制或汽车运输费的征收。此后，书业公会多次函请邮局开通内地的书籍邮路，但均无多少收获，甚至书籍还被查没。这即是说孤岛上海的出版界与内地不少地区的书籍邮路是隔绝的，要将书籍发行至上述地区只能另想他法。陶亢德在1940年3月12日给谢冰莹女士信中谈及此事时抱怨：「所以有的出版者转香港寄递，寄费比在沪寄不知高到几倍。」并述当时上海出版的书籍「因书籍销路不佳，普通书出版之后，保本均尚无十分把握」。由此可见，这一时期上海出版界非但在沪上市场受到限制，对内地市场多只能望洋兴叹。

在此背景下向内地发行书籍，生活书店上海分店背后的政党力量就尤为凸显。生活书店总店迁出时，在沪设分店的初衷即是「利用上海有利的纸张、印刷条件，在沪印刷书籍后发往内地销售」。邵公文的记述与之大同小异：「书店在上海的中心工作是配合抗战需要负责数量较多的出版任务，因为内地纸张及印刷条件较为困难。」亦即是说，在既定方针中，生活书店上海分店是以沪地为造货场地，以内地为市场，将在沪印刷的书籍运输到内地是生活书店上海分店的必须后续工作。

至于运输办法，徐伯昕的记述可谓一语道破玄机：1940年秋季「上海地下党与三书店驻沪办事处人员商量，派干部到苏北和苏中开设大众书店，由于三书店在上海设有联络机构，因而苏北根据地出版工作坚持时间持久」。这虽是在苏北创立大众书店的回忆，但由彼及此，从「地下党」「派干部」和「联络机构」等叙述中不难得知当日生活书店上海分店运送书籍到内地的途径。如前所述，生活书店上海分店正因有政党力量的支撑，在运输上比留沪的同行技高一筹。又如，1938年10月广州沦陷后，上海寄广西等地的邮路隔绝（见上文邮局复文），但生活书店却可以打通关系。此种政党力量带来的便利显为孤岛的其他书店无法获得。亦因政党力量的支撑，生活书店上海分店不但在沪印行书籍发送内地，不但在苏北创立大众书店，而且还有计划地在沪成立「正泰」商行敷补经济问题。

按诸生活书店上海分店出版的图书目录，实难正常通过邮局寄送内地（书目多在被查禁之列），走地下途径可能是其唯一选择，而在孤岛时期，此种发行方式却成为其高迈同行之处，这不能不说是孤岛时期上海出版业的一个奇异现象。此种奇异又借助市场对出版业发生影响。

孤岛出版业处在战时的整体兴替中，世界书局因留沪未迁出，成为沪上首屈一指的大型出版机构；生活书店上海分店不管在出版还是在发行上，都是一支不容忽视的力量；商务和中华因主体在港，相对沉寂；新兴的出版机构，发行能力则有限，暂可存而不论。以此之故，孤岛上海出版业重组的最大特点即是生活书店的崛起，成为内地抗战读物的主要造货单位，这是日本占据上海时始料未及的。

孤岛时期的上海出版业，虽然有过相对优裕的出版条件，但不管是孤岛内，还是孤岛之外的沦陷区，其实均处于恶劣环境中，只不过有程度轻重之分而已。当然，更为严峻的出版环境尚在孤岛沦陷之后。

四、余话

1940年3月14日下午1时半，第五届理事会第六次常会在学田湾总管理处举行，这也是第五届理事会的最后一次常会。这次常会最重要的一项议程是讨论1940年度工作计划草案。与1939年度的工作计划草案完全不同，这个年度工作计划为今后工作确立的方针，已变成「一切以『保全事业，减少牺牲』为原则」，无论是生产方面的计划，还是营业方面的计划，「缩减」成了关键词。（第五届理事会第六次常会记录，1940年3月14日）这一方面固然反映了生活书店领导层的理性，但另一方面也说明生活书店已进入前所未有的艰难时代，或者说是店史上的「至暗时刻」。

就是在这样的时刻，当时年仅18岁的许觉民却在《我对本店受难的了解》一文中向同事们发出呼吁：「我们虽处在很艰苦的时期，但我们的工作态度不能因之而稍懈，反而要积极的加强……我们一定要加倍努力！」依我看，这就是最朴实的「生活精神」，正是靠这种精神，生活书店在难以想象的艰难困苦中始终屹立不倒！